Martin Strobl

ICH UND ERNST
Ein ziemlich verrückter Dialog

herausgeber: www.buchnet.com

2. Auflage als Bod-Ausgabe 2016
© 2016   Alle Rechte vorbehalten

Gestaltung: loladesign - büro für gestaltung, Meran
Cover: Herbert Thoma/Martin Strobl
Bildbearbeitung: Andrea Dürr
Herstellung und Verlag:
Books on Demand GmbH, Norderstedt
ISBN 9783741285400

Gewidmet allen Menschen, die noch Träume haben,
besonders aber jenen, die keine mehr haben.

Das Leben

Das Leben ist eine Chance, nutze sie.

Das Leben ist schön, bewundere es.

Das Leben ist ein Traum, verwirkliche ihn.

Das Leben ist eine Herausforderung, nimm sie an.

Das Leben ist kostbar, geh sorgsam damit um.

Das Leben ist ein Reichtum, bewahre ihn.

Das Leben ist ein Rätsel, löse es.

Das Leben ist ein Lied, singe es.

Das Leben ist ein Abenteuer, wage es.

Das Leben ist Liebe, genieße sie.

„Mutter Teresa"

INHALT

Vorwort — S. 11

Kapitel 1 - Der Traum — S. 20

Kapitel 2 - Über das Lachen — S. 32

Kapitel 3 - Die Wahrheit über uns selbst — S. 44

Kapitel 4 - Der Sinn des Lebens — S. 63

Kapitel 5 - Ernst aus dem Hinterhalt — S. 82

Kapitel 6 - Wahrer Erfolg — S. 88

Kapitel 7 - Das Ego — S. 105

Kapitel 8 - Die Liebe — S. 124

Kapitel 9 - Die Angst — S. 139

Kapitel 10 - Gibt es Gott? — S. 152

Kapitel 11 - Rea und die Suche nach Gott — S. 158

Danksagung — S. 172

Vorwort

Kennen Sie sich selbst? Ja? Ihr ganzes inneres Ich?
Wenn sie jetzt ja sagen, dann sitzen Sie wahrscheinlich grad irgendeinem falschen Guru auf. Dann steht der momentane Grad Ihrer Selbsterkenntnis sicher in direktem Verhältnis zu Ihrem jetzigen Kontostand. Aber keine Sorge: Das wird nicht lange anhalten! Sie kommen schon wieder zur Besinnung. Blöd nur, wenn Sie immer wieder neue Versuche in diese Richtung starten … und das werden Sie, glauben Sie mir! Selbstfindungseifer hat nämlich Verselbständigungspotential, ganz zur Freude der einschlägigen Glücksexperten.
Aha: Sie gehören nicht zu diesen Leuten, die sich von anderen was einreden lassen. Selbst ist der Mann, die Frau! Auch Selbstbetrug ist für Sie persönlich kein Thema? Sehen Sie, ich verstehe Sie: Sie brauchen tatsächlich keinen, der Ihnen was vormacht. Das besorgen Sie schon selber.

Tja, jetzt frage ich mich aber, wieso Sie überhaupt sowas wie das hier lesen?
Sie wissen doch schon Bescheid über sich selbst. Ich hab`s: Sie wollen sich bestätigen, dass Ihnen nichts davon neu ist! Und wissen Sie was: Sie haben vollkommen Recht! Nichts Neues steht in diesem Buch - genauso übrigens wie in keinem anderen Buch der Welt. Gratulation: Ihre sämtlichen Erkenntnisqualen, geistig-

spirituellen Übungen und Erleuchtungs-Maßnahmen haben gefruchtet, denn Sie haben das Wesentliche gecheckt: Nichts Neues unter der Sonne. Jawohl. Machen Sie sich doch lieber ran an die Wurst, ein erfülltes Leben im Einklang mit sich selbst, mit Gott und der Welt wartet nur auf Sie.

Gedacht ist dieses Buch auch gar nicht für Sie, die schon alles durchblicken, sondern für alle, die noch auf der Suche sind. Aber auf der Suche wonach? Wissen Sie es etwa schon oder sind Sie gerade erst auf der Suche, herauszufinden, wonach Sie auf der Suche sind?
Sie alle muss ich ebenfalls warnen: Versprechen Sie sich nur nicht zu viel! Dieses Buch wird Ihnen keine Gewissheiten bringen. Im Gegenteil: Es legt es fast schon darauf an, Ihnen Gewissheiten zu nehmen! Warum? Ganz einfach: Weil es sie nicht geben kann. Jedenfalls nicht in diesem Leben. Das wissen Sie bereits? Oh, da haben wir es mit einem/einer Experten/in zu tun. "Ich weiß, dass ich nichts weiß"... perfekt! Also, Sie könnten damit ebenfalls das Buch gleich wieder aus der Hand legen.
Es sei denn, Sie haben vielleicht das dumpfe Gefühl, dass man mit dieser ultimativen Erkenntnis, eigentlich nichts zu wissen, halt praktisch auch noch nicht viel anfangen kann? Dass mit dieser Weisheit letztem Schluss auch Schluss mit Nachdenken sein könnte, denn wer denkt schon nach, wenn er damit ohnehin auf keinen grünen Zweig kommt? Kurzum: Dieser Leitspruch kann den Geist genauso zur Stecke bringen wie die gegenteilige Gewissheit, alles zu wissen. Nur auf einem höheren geistigen Level eben – Holzweg für Superhirne oder viel

erfahrene Selbsterfahrer – oder alle, die sich dafür halten.

Aber einmal realistisch betrachtet: Diese geistige Textur, liebe/r Leser/in, ist zugegeben eher selten, denn das Leben lässt ja keinen von uns mit all unseren glänzenden Deutungsmustern in Ruhe, sondern stellt unsere Interpretationen ständig auf harte Bewährungsproben.
Außerdem trifft diese Strategie-Variante offenbar auch nicht auf Ihre zu, denn sonst würden Sie sich diese Zeilen wohl nicht vor die Nase halten und jetzt bereits - sagen wir einmal: fünf Minuten …? lesen.

Warten Sie, es gibt eine weitere mögliche Erklärung: Finden Sie etwa amüsant, was ich da sage? Sie lesen weiter, weil sie sich Unterhaltung versprechen? Für diesen Fall seien auch Sie im Voraus gewarnt: Dieses Buch ist nicht als Lachfutter gedacht. Geht gar nicht. Tiefe Gedanken sind an sich nicht lustig. Also vergessen Sie es. Da müssen Sie sich schon eine andere Lektüre suchen, sorry.

So, nachdem der Schreiber jetzt die Spreu vom Weizen getrennt und alle möglichen falschen Erwartungen zunichte gemacht hat, schauen wir mal, was nach diesem Kahlschlag übrig bleibt. Dazu ist der Schreiber schon aus Eigeninteresse gezwungen, denn es ist als Autor äußerst unklug, einen großen Teil der Leserschaft bereits in der Einleitung abzuschießen.

Machen wir es so: Sie halten sich einfach drei grundsätzliche Möglichkeiten vor Augen.

Die beste ist die Variante A: Sie sagen: „Ja, ich will weiterlesen und der Sache auf den Grund gehen." Schlimmstenfalls haben Sie sich wieder einmal auf ein sinnloses Geschwafel in einem sinnlosen Buch eingelassen – es wäre ja nicht das erste Mal - das letzte wahrscheinlich auch nicht. Also nehmen Sie's sportlich.

Oder Sie nehmen die Abkürzung und greifen gleich zu Variante B: Sie sagen: „Was will der Clown? Dafür ist mir die Zeit zu schade." Sie legen das Buch zur Seite oder in den Papierkorb oder ins Holzfeuer. Sie können es natürlich auch zerreißen oder zerbeißen und darauf herumtrampeln wie das Rumpelstilzchen oder es jemanden in die Fresse hauen, wenn Ihnen gerade danach ist. Kann Frust abbauen. Falls Sie aber nachhaltig denken, dann recyceln Sie es lieber: Verschenken Sie es an jemanden, der es nötig hat oder verwenden Sie es als Unterlage für ihren wackeligen Wohnzimmertisch. Das lasse ich ganz bei Ihnen - könnte ich ohnehin nicht verhindern.

Last but not least Möglichkeit C: Sie sagen *vielleicht*! Diese dritte Variante ist allerdings keine echte Alternative, denn sie kommt in der Praxis der Variante B gleich: Wer sich nicht entscheiden kann, ob er ein Buch lesen will oder nicht, hat sich in dem Moment, wo er es mit einem „vielleicht?" aus der Hand legt, eh schon dagegen entschieden es jemals zu lesen.

Jetzt aber einmal ernsthaft: Was erwartet Sie als Leser/Leserin nun wirklich? Und was könnte dieses Buch gerade Ihnen bieten?

Zuerst nochmal die Kernfrage: Kennen Sie ihr „wahres

Gesicht"? Ihr „wahres inneres Ich"? Wieweit, glauben Sie, sind Sie schon zu sich selbst vorgedrungen? Ich wage die Behauptung, dass Sie genau *so weit* sind, inwieweit Sie erkannt haben, *dass es nicht einen einzigen, homogenen Kern Ihres inneren Wesens gibt!* Sie müssten also die Erfahrung gemacht haben: Es gibt mehrere Versionen von Ihnen selbst! Und alle sind wahr.

Kennen Sie zum Beispiel Ihren inneren Optimisten, genauso wie den Pessimisten, Ihre mutige und Ihre ängstliche Seite, die emotionale und die rationale Seite, die unsichere und die selbstbewusste Seite, die falsche und die ehrliche Seite, Ihr inneres Kind und den Erwachsenen usw. Das könnte man natürlich ewig fortsetzen.

Ausgehend von dieser Erkenntnis dürfte es um die Frage gehen, wieweit es einem nur dann gutgehen kann, wenn man die vorgefundenen Gegensätze und Dissonanzen auflöst. Ob man einfach alle widersprüchlichen Teile seiner individuellen Persönlichkeit annehmen und sich mit dieser Spaltung abfinden soll und kann. Ob es am Ende gar gefährlich ist, sich überhaupt dieser inneren Gegensätze voll bewusst zu werden, indem man sie an die Oberfläche zerrt? Zerlegt man sich dabei nicht noch mehr in alle Einzelteile? Und nix ist mehr fix?

Eines steht jedenfalls fest: Sich in seiner multiplen Identität zu erleben, ist für uns oft schmerzhaft, denn jeder sehnt sich nach Ganzheit und Auflösung aller Widersprüche, Kanten und Ecken. Das ist einfach so. Für jeden eine Lebensgrunderfahrung.

Und was alles tun wir, um diese Widersprüche und Risse zuzukleistern! Und wenn es nur darum geht, sie vor unseren Mitmenschen zu kaschieren und ein rundes Bild abzugeben. Keiner liebt Widersprüche, weder am anderen, noch an sich selbst. Und obwohl jeder um seine ungeliebten Seiten weiß - und sie noch viel leichter am anderen erkennt - hält jeder an diesem Rollenspiel fest, als wäre das Leben ein grandioses Theaterspektakel. Aber dieser Selbst- und Fremdbetrug rächt sich für jeden der Akteure! Es mögen sich Mitmenschen für eine gewisse Zeit betrügen lassen: Unser inneres Ich ist unbestechlich! Die Wahrheit über uns selbst liegt ständig auf der Lauer und lässt uns höchstens zu einer Scheinruhe kommen. Unter der mühsam geglätteten Oberfläche führen unsere verdrängten Seiten und Teilpersönlichkeiten ein Eigenleben, welches wir niemals völlig kontrollieren und bewusst steuern können – allen falschen Glücksexperten und verschiedensten Betäubungsstrategien zum Trotz. Und je mehr man die eigenen Gaga-Seiten verleugnet und verdrängt, desto mächtiger und unkontrollierbarer werden sie und sabotieren unser Leben. Sie sind sogar im Stande, Koalitionen zu bilden und in unserem Inneren heftige Kämpfe gegeneinander auszutragen, um Macht über die andere Seite zu gewinnen.

Nun, das ist natürlich der schlechteste Weg, denn das bindet gewaltig viel Energie, die dann für die lustvollen Lebensseiten nicht mehr zur Verfügung steht. Außerdem festigt sich durch Kampf auch jede Gegnerschaft, und so kann eine Persönlichkeit immer weiter auseinanderreißen.

Genau diese Kämpfe habe ich jahrelang in meinem Inneren ausgefochten.
Ich war, ohne es zu wissen, in einen Konflikt mit mir und

der Welt geraten, gleichzeitig aber sehnte ich mich nach Frieden und Harmonie. Ich sah mich immer wieder als Opfer meiner Umstände - leider nicht meiner Selbst. Ich war mir sicher, dass es das Leben doch gut mit mir meinen *musste*, so ein liebes Kerlchen, wie ich doch war! Und wenn sich die Ereignisse in meinem Leben positiv gestalteten, hatte ich mir das selbstverständlich verdient und rief dem Leben mein herrlichstes „Ja!" entgegen. So sollte es sein. Und gefälligst bleiben. Sobald mir das Leben aber dann wieder mit harten Anforderungen kam und mir unangenehme Notwendigkeiten vor die Nase knallte, ging meine Glückskurve wieder rasant nach unten. Es brauchte oft sogar nur einen problematischen Anstoß, einen enttäuschenden Augenblick und …wusch! – schon fühlte ich mich wieder auf die andere Seite gerissen und brachte mich selbst zu Fall. Da war dann nichts mehr von meinem inneren Wonnepfropfen zu spüren, im Gegenteil: Ein Moloch von Negativität mit vielen Angst– und Sorgententakeln legte sich auf mein Gemüt und erstickte jede Zuversicht in seinem Würgegriff, so heftig ich mich auch dagegen wehrte. Dieses Gefühl der Zerrissenheit stellte eine echte Glücksbremse in meinem Leben dar. Irgendjemand oder irgendetwas in mir selbst wollte offenbar nicht, dass es mir gutging.

Aber ich trug aus heutiger Sicht auch nichts Entscheidendes zur Verbesserung meiner Lage bei. Mich ärgern und beklagen über alles und jeden – natürlich auch über das garstige Sorgenkind in mir selbst – das tat ich zur Genüge. Und wie gerne! Dabei stand ich mir schlicht und einfach nur selbst im Weg.

Weil ich mich nur zur Hälfte annehmen konnte.

Und das Leben in seiner vollen Bandbreite noch weniger.

Es brauchte viele Jahre, bis auch mir, dem Liebling der Götter und Arschloch zugleich, langsam dämmerte, dass sich die Welt wohl bis an mein Lebensende hartnäckig weigern würde, sich für mich zu ändern.
Also kam mir notgedrungen der Verdacht, dass wohl *ich an mir selbst* Hand anlegen musste.
Da war aber guter Rat teuer, denn der Feind steckte ja in mir selber und feierte immer wieder seine schändlichen Siege über meine Lebensfreude und meine Lebenserfolge. Aber wie Siegesfeiern fühlte sich das freilich überhaupt nicht an in meinem Inneren! Was da am Laufen war, hatte mehr Beerdigungscharakter. Wie wenn ich mir selbst ein Grab geschaufelt hätte und gleich die Radieschen von unten sehen müsste.
Nun, man sagt ja immer, man müsse seine Feinde noch besser kennen als seine Freunde – um sie besiegen zu können natürlich. Also wollte ich es einmal damit versuchen, diesen tiefen Ernst, ja Todernst, Grabesernst in mir auf die Schliche zu kommen, der mir ständig Sand ins Getriebe meiner Glücksgefühle streute, ja, ganze Felsbrocken in den Weg legte, wenn ich gerade gut in Fahrt war.
Also hörte, sah, fühlte ich in mich hinein. Wo war er? Was tat er? Worauf wollte er hinaus? Ich beobachtete ihn, verfolgte ihn. Es wurde fast zu einem Zwang.

Und genau da passierte etwas, was ich nie für möglich gehalten hätte und heute noch kaum glauben kann!
Ob Sie, liebe/r Leser/in das für bare Münze halten,

überlasse ich wieder ganz Ihrer freien Entscheidung, in der ich Sie weder von der *einen* noch von der *anderen* Seite beeinflussen möchte.

Verraten will ich Ihnen nur so viel: Ich erzähle Ihnen im Folgenden eine Geschichte, wie zwei verfeindete Brüder langsam zu Freunden wurden, nachdem sie seit ihrer Kindheit getrennt waren. Und das, obwohl sie kurioserweise immer unter einem Dach gelebt hatten.

Es ist die Geschichte des neuen Kennenlernens und des Zusammenraufens der beiden im Rahmen harter, aber humoristisch–herzlicher Friedensgespräche, dessen Wort-Protokoll ich Ihnen, lieber/e Leser/in hiermit ans Herz lege.

Dies sind die originalen Aufzeichnungen, meiner Gespräche mit Ernst. Sie werden vielleicht das ein oder andere in diesem Dialog nicht in sich selbst wiederfinden können, dazu sind wir alle zu verschieden. Und doch wird Ihnen einiges recht bekannt vorkommen und Sie dürfen sich auch auf das eine oder andere Lichtlein, das Ihnen aufgehen wird, freuen. Ich wünsche Ihnen recht viele davon. Aber erwarten Sie nichts, sonst werden Sie am Ende doch wieder enttäuscht sein. Seien Sie einfach offen – auch zu sich selbst. Glauben Sie mir, es lohnt sich.

Kapitel 1
Der Traum

Alles begann mit einem Traum:
Am Himmel war keine einzige Wolke zu sehen. Strahlendes Blau ... und ich ganz allein auf der Welt, grenzenlos frei...
Beseelt schlenderte ich durch eine Art Stadtpark. Alles stand in voller Blüte. Das Grün platzte förmlich aus allen Ecken. Ein leichter Windhauch versetzte das Ganze in eine sanfte, wiegende Bewegung und machte die Szenerie perfekt. Das ist genau mein Ding, dachte ich noch, als mein Blick eine knallrote Bank streifte und dort hängen blieb. Denn die stand zwar wie hingemalt unter einem uralten Baum, doch die Bank war nicht leer.
War das eine menschliche Gestalt? Das passte jetzt aber *gar* nicht ins Bild! Wer oder was wagte es, diesen magischen Moment zu vermasseln? Ach nö!
Missmutig, aber zugleich neugierig näherte ich mich der Bank und erkannte einen in sich zusammengesunkenen Mann. Der Kopf hing ihm schwer nach unten, bis fast in den Schoss. Die dürren Schultern standen spitz nach oben und der Körper teilte sich von den Knien abwärts in ein umgedrehtes, breites V. Die nach unten durchhängenden Arme verstärkten den Eindruck einer unheimlichen Gedrücktheit und Schwere, die wie eine graue, dunkle Wolke unwillkürlich auf mich übergriff. Und plobb ... zerplatzte meine wunderschöne Gefühls-

Seifenblase. Wusste ich`s doch: Zu schön, um wahr zu sein!
Was ist denn mit dem los? Schläft der oder ist er tot? Blödsinn, in dieser Position weder das eine noch das andere. Aber vielleicht fühlt er sich nicht wohl und braucht Hilfe? Verwahrlost, mit kaputten Schuhen und einer schäbigen Jacke... Er sah aus wie jemand, der schon lange kein Zuhause mehr hatte.
Na los, sprich ihn an! Ich setzte mich vorsichtig neben ihn und fragte ihn von der Seite: „Guten Tag! Ist alles in Ordnung, brauchen Sie Hilfe?" Der Mann reagierte nicht. „Kann ich Ihnen irgendwie helfen, ist Ihnen schlecht?" Wieder keine Antwort. Der Mann gab überhaupt kein Lebenszeichen von sich und mich beschlich zunehmend ein seltsames Gefühl. Mir war, als müsste ich diesen Mann dazu bringen, mit mir zu sprechen. Also stupste ich ihn leicht an der Schulter. „Hallo!", sagte ich erneut, „ist alles in Ordnung mit Ihnen?" Keine Regung. Ungeduldig begann ich ihn an der Schulter zu rütteln. „Halloo! Ist da jemand?" Da erwachte er plötzlich aus seiner Apathie, hob seinen Kopf und drehte ihn ganz langsam in meine Richtung. Schon beim Halbprofil erschrak ich. Mein Gott, war der alt! Und hässlich! Was für ein Leben hinterlässt so schreckliche Spuren in einem Gesicht? Der Hammer aber kam in dem Moment, als ich ihm voll ins Gesicht sehen konnte! Mein Atem setzte aus und ein heftiger Adrenalinstoß schoss durch meinen Körper, als meine Augen die seinen trafen. Der leere, dennoch bohrende Blick schnitt durch meine Augen tief in meine Seele wie ein Messer in die Butter! Das Schlimmste aber: Starr vor Entsetzen erkannte ich, dass ich nicht in fremde, sondern

in *meine eigenen Augen*, in mein *eigenes Gesicht*, sah! Mein eigenes Gesicht! Aber alt und verbraucht, traurig, teilnahmslos – wie tot!!

Schockiert schoss ich hoch und stieß mir den Kopf am Holzbalken über meinem Bett. Aua! Jetzt war ich wach! Gott sei Dank! Alles bloß ein Traum! Ein schrecklicher, fürchterlicher Traum! Was für einen Mist doch mein Gehirn produziert, wenn es sich selbst überlassen ist. Für solche Träume bedanke ich mich aber. Dabei hatte der Traum so schön begonnen und ich hatte mich endlich einmal so richtig unbeschwert gefühlt, wie schon seit einer Ewigkeit nicht mehr… Nun, die Realität hatte mich also wieder.

Kaltes, weißes Licht von einer Straßenlaterne fiel durch das Fenster. Es war erst halb zwei Uhr morgens. Ich fühlte mich noch ganz erledigt. Benommen torkelte ich dennoch ins Bad, um in den Spiegel zu sehen. Zum Glück sah ich in mein vertrautes Gesicht. Auch nicht vom Allerfeinsten, aber im Vergleich zu der Visage im Traum durchaus passabel.

Kaum hatte ich das gedacht, verwandelte sich mein Spiegelbild plötzlich wieder in diese verdammte Fratze! Nein! Ein Traum, bloß ein Traum! Träume sind Schäume, geh weg, du hast hier nichts mehr verloren, ich bin wach! Oder doch nicht? Ich fasste mir mit der Hand ins Gesicht und zwickte mir in die Nase. Es fühlte sich normal an und auch mein Spiegelbild passte plötzlich wieder.

Aber leider nur für ein paar Sekunden. Denn bevor ich noch beginnen konnte, wieder zu mir selbst zu kommen, musste ich hilflos mit ansehen, wie sich das Zerrgesicht langsam, aber sicher, erneut über meines schob, bis mein gewohntes Antlitz wieder ganz aufgefressen war.

Ja hörte denn dieser Alptraum nie mehr auf?? Wie weiß man eigentlich, ob man wach ist oder schläft?

Ich hab's: Aufwachen geht offenbar nicht, vielleicht klappt es ja mit Schlafengehen... Genau! Ab ins Bett... So, Licht aus, Decke über den Kopf. Morgen ist alles wieder gut... Zwar ist mein wirkliches Leben auch nicht das Gelbe vom Ei und das Morgen wird auch nicht erhebend sein, aber immerhin kann ich es selbstbestimmt meistern und muss nicht das hilflose Opfer meines offenbar kranken Unterbewusstseins spielen. Schlafen...

......

Hatte ich in diesem Traum tatsächlich mich selbst als eine solche Jammerfigur auf einer Bank sitzen sehen? So ein Quatsch!

Jetzt wird geschlafen!

......

Verdammt, ich kann nicht einschlafen! Oder aufwachen? Moment: Kann man sich denn im Traum Gedanken über die Bedeutung von Träumen machen? Wohl eher nicht! Ich bin also definitiv wach!

......

Aber vorher muss ich doch zumindest kurz geschlafen haben ... ein grässlicher Traum...

Man sagt, dass Träume immer eine tiefere Bedeutung haben...

Aus! Darüber kannst du morgen noch genauso nachdenken! Oder auch nicht, wenn du nicht willst.

......

Was in Gottes Namen sollte dieses garstige Spiegelbild mir sagen wollen? Dass ich so enden werde? Dass ich in Wahrheit so bin? Dass ich einen unbekannten Untermieter, ein zweites Ich, habe?

……

Hatten sich im Traum womöglich meine unbewussten, dunklen Abgründe offenbart? Ach was, davon müsste ich wohl etwas wissen… Nein, müsste ich natürlich nicht! Wozu heißt es denn das „Unbewusste", du Vollpfosten.

……

Allerdings … wenn ich so nachdenke, ist mir eine solche dunkle Seite an mir gar nicht so unbekannt. Wenn ich ehrlich bin, hat mich dieses Gefühl, wie ich es in der Begegnung mit diesem abgewrackten Typ aus dem Traum empfunden habe, schon öfter einmal befallen, nur nicht so stark und überfallsartig. Es hat mich eher als Hintergrundmusik begleitet – meist fast unmerklich leise, teilweise aber hat die Tonart auch ganz schön schrille Misstöne in meine Sinfonie gebracht, das ist nicht zu leugnen. Und die habe ich mir noch selber reingehaut? Dödel, wer denn sonst?

……

War denn dieser Traum womöglich ein Hinweis, dass etwas in mir drinsteckt, das sich getrieben und geschunden vom Leben fühlt und nur mehr deprimiert herumhängt? Oder war es mein zukünftiger innerer Tod, der auf dieser Parkbank saß? Führte mir dieser Traum vielleicht auf erschreckende Weise vor Augen, wie es mir eines Tages ergehen würde, wenn ich mich nicht endlich für ein glücklicheres Leben entscheiden würde?

……

Ach was, ich hatte diese Missstimmung an mir immer ganz gut im Griff. Jeder hat seine dunklen Seiten. Das ist

völlig normal.
Ob es aber normal ist, dass man ihnen so lebendig begegnet?

Und während ich mich ganz unruhig wie eine Waschmaschinentrommel von einer Seite auf die andere drehte, wurde mir immer klarer: Ich war wach, vielleicht schon die ganze Zeit! Auf jeden Fall musste ich ihn ernst nehmen, diesen schauerlichen Ernst, diese trübselige Kreatur wiederfinden, die mir so ähnlich war – und sei es nur im Traum.
Und so fürchterlich er auch gewesen war, ich hoffte diesen Alptraum jetzt noch einmal zu träumen, „mir" - oder „ihm"? - noch einmal in die Augen sehen ... mit ihm reden ... ihn fragen...
Aber es klappte nicht die Bohne! Ich bekam die ganze Nacht kein Auge mehr zu.
Am nächsten Morgen ging ich total k.o meinem Alltag nach, aber die Bank, der Mann und mein abstoßendes Gesicht gingen mir nicht mehr aus dem Kopf.
Ich nahm mir also fest vor, in der kommenden Nacht wieder von ihm zu träumen. Und ich hatte auch schon die perfekte Strategie dazu: Ich setzte mich vor dem Schlafengehen auf mein Sofa und horchte ganz tief in mich hinein. Ich durchforstete mein Inneres, als hätte ich ein Stethoskop verschluckt. Aber nicht einmal ein Zeichen. Gar nichts.
Aber ich ließ nicht locker. Ging ohnehin nicht.
In den darauffolgenden Tagen meditierte ich häufig, machte Yoga, ging sogar in die Kirche. Und jeden Abend, als ich zu Bett ging, versuchte ich mich bewusst auf

diesen Stadtpark, die Bank und auf mein dunkles Ich zu konzentrieren, aber weiter passierte einfach nichts. Es schien, als wollte jemand oder etwas einfach nicht gefunden werden.

Einige Wochen später, ich war schon nicht mehr so besessen, meinen „inneren Tod" – so nannte ich ihn inzwischen behelfsmäßig – zu finden, geschah plötzlich das Unfassbare! Ich saß gerade wieder im Wohnzimmer auf meinem Sofa, schlürfte einen frisch gepressten Orangensaft und murmelte laut vor mich hin: „Ich spür dich, aber ich kann dich weder sehen noch hören. Ich will, dass du herkommst, dich zeigst, heraus mit dir – du bist umzingelt!"

Da machte sich plötzlich meine Sprachausgabe selbstständig und jemand antwortete klar und deutlich aus mir selbst: „Dummkopf! Wo soll ich schon sein?"

Für einen Augenblick schien die Zeit still zu stehen! Ich war perplex! Hatte ich das jetzt wirklich selbst gesagt?? Um mich zu testen, fragte ich erneut, ganz bewusst und diesmal lauter: „Bist du das?" Und siehe da, es antwortete wieder irgendwo aus mir heraus, ebenfalls unmissverständlich klar: „Wer denn sonst!"

Wenn es für Momente im Leben eine Stopp-Taste gibt, dann wäre jetzt eine fällig gewesen! Ich saß bewegungslos da, man hätte eine Stecknadel fallen hören. Eine Gänsehaut rieselte über meinen Rücken und ich war nicht einmal mehr im Stande zu überlegen, was ich jetzt sagen sollte. Es war absurd und absolut verrückt – so als hätte ich gerade mit einem Geist gesprochen, einer fremden Wesenheit im eigenen Körper! Und sie benutzte *meine* Stimme, um mit mir zu kommunizieren!

Ich war bis ins Mark erschüttert. Ich wagte kaum mehr zu atmen, geschweige denn eine weitere Frage zu stellen. Ich traute meinen Ohren noch immer nicht, als meine Stimme nun ganz von allein fortfuhr: „Du lässt mich eh nicht in Ruhe, also was willst du von mir?"

Der K.-o.-Schlag ist meist der, den man nicht kommen sieht.

Natürlich hatte ich mir die letzten Tage immer gewünscht, mit meinem zweiten Ich in Kontakt zu treten, aber ich hätte nie im Leben geglaubt, dass so etwas tatsächlich möglich ist. Ich hatte schon von paranormalen Phänomenen gehört, wo Leute Engel, Geister und Feen sehen oder mit Verstorbenen sprechen, aber dass der innere Ernst plötzlich mit einem, oder *durch* einen spricht, das war mir vollkommen neu!

Mir schwirrte der Kopf und heiße Ängste stiegen in mir hoch: Werde ich den Geist, den ich rief, nun nicht mehr los? Habe ich jetzt die Büchse der Pandora geöffnet? Oder bin ich von einem Dämon besessen? Muss ich jetzt vielleicht sogar in eine Anstalt? Mein Herz war in einen unsichtbaren Schraubstock gespannt. Jetzt nur keine Panik! Tief durchatmen!

Während ich noch zu verarbeiten versuchte, was gerade geschehen war, beschloss ich, ins kalte Wasser zu springen und fragte erneut: „Kann das sein? Bist du es wirklich?" Die Antwort kam erneut rasch und sachlich, ohne das geringste Zögern, als hätte die Tatsache sonnenklar sein müssen: „Ja doch! Wie oft soll ich es dir noch sagen!"

Da war sie also! Meine zweite Hälfte, mein zweites Ich! Mein innerer Ernst stellte sich mir tatsächlich! Er

redete mit mir, nein, aus mir, über mich, ach, der Teufel! Jetzt nur nichts falsch machen, damit er nicht wieder verschwindet! „Dableiben! Hörst du? Dableiben!" rief ich in mich hinein. Dann sprang ich hoch, rannte so schnell ich konnte in mein Zimmer, holte das Diktiergerät aus der Schublade, warf mich fast auf die Couch zurück und drückte auf Rec. „Bist du noch da?", fragte ich atemlos. „Ja!" erwiderte es aus mir. „Wo sollte ich bitteschön hingehen? Ich kann ja nicht aus dir heraus!"
„Wie ist das möglich? Wieso kann ich dich plötzlich hören?"
„Das weiß ich auch nicht", antwortete er, „du scheinst es irgendwie geschafft zu haben, mich aus dir herauszuziehen. Leider!"
„Was heißt da leider? Gott sei Dank!", erwiderte ich aufgeregt. „Das muss durch diesen Traum geschehen sein!"
„Ach was, deine Träume … von denen halte ich nichts."
„Aber ich habe dich ganz betrübt auf einer Bank sitzen sehen. Das Schockierende war: Ich habe zugleich MICH gesehen! Und es hatte nicht den Anschein, als wäre es mir, nein dir besonders gut gegangen!"
„Siehst du? Damit fängt es schon mal an: Warum sollte es jemand besonders gut gehen?"
„Aber du sahst alt und traurig aus", erwiderte ich.
„Weder alt noch traurig, so ein Blödsinn, das war bloß eine Projektion innerhalb deines Traums. Ich sehe aus wie du!"
„Aber fühlen tust du doch offensichtlich vollkommen anders als ich, denn du wirkst so deprimiert und das macht *mich* seitdem ganz fertig. Oder nein! Ich glaube,

du warst das schon immer, der *mich* deprimiert hat! Und ich habe alles versucht, dich loszuwerden! Alles!"

„Allerdings hast du das!", erwiderte er. „Aber diesen Kampf hast du immer gegen mich verloren! Ich bin eben stärker als du. Endlich kapiert? Gegen mich hast du keine Chance. Und endlich kann ich es dir offen sagen. Und zeigen!"

Mein Mund stand offen! Wie der mit mir redete! So hatte ich mir die Begegnung mit meinem Innersten nicht vorgestellt. Es stimmte ja: Ich hatte ihn oder diese Seite an mir jahrelang abgelehnt, zu unterdrücken versucht, wo es nur ging. Das war sicher nicht gerade fair von mir, gegenüber mir ... ähh ... egal. Ich wollte doch nur diese Schwere und all die Zweifel und Ängste loswerden und das war alles ER! Ich konnte es mir wahrhaftig nicht leisten, diesen Zug an mir noch zu füttern und zu mästen! Konnte er mir das verdenken?

Ja, das tat er offenbar... Und was nun? Da war guter Rat teuer.

„Was ist jetzt? Willst du vor mir kneifen? Wie immer?"

Da fiel es mir plötzlich wie Schuppen von den Augen: Diese Situation war *meine Chance*! Ich musste auf ihn eingehen! Ich konnte nicht ewig vor meiner dunklen Seite davonlaufen. Nun konnte ich sie nicht länger ignorieren. Ich musste mich ihr stellen.

Und trotzdem sollte man nicht so auf sich herumtrampeln lassen – auch nicht von seiner eigenen anderen Seite.

Wie redest du denn mit mir? Behandelt man so seinen Zwillingsbruder?

Du bist nicht mein Bruder, wir stecken bloß im selben Körper, sonst nichts.

Aber du gehörst eindeutig zu mir! Das weiß ich jetzt, Ernst. Ohne dich wäre ich nur halb. Also gar nicht ich. Oder sogar niemand! Ich will dich nicht mehr bekämpfen! Ich will mich mit dir verständigen, dich ernst nehmen, dich als meinen Bruder annehmen, auf Gedeih und Verderb!

Ach, was redest du gescheit! Hör zu, *ich* will an dir nicht gedeihen und erst recht nicht verderben!

Und ich an dir auch nicht! Hör *du* mir zu: Wenn wir es schlau anfangen, haben wir endlich die Chance, uns zu versöhnen statt uns zu bekämpfen, zusammenzuarbeiten, mit dem Ziel, dass wir miteinander glücklich werden! Stell dir das einmal vor: Du ... und ich ... im Einklang...

Lass das Geschleime, du heilloser Traumtänzer und Wolkenreiter! Du bist in einer Alice-im-Wunderland-Welt stecken geblieben. Der Erwachsene von uns zwei bin immer noch ich alleine! In all den Jahren bist du, statt vernünftiger, noch närrischer geworden!

So kenne ich dich! Ich habe deine abschätzige Stimme bei allem immer gehört, was ich getan und gedacht habe. Dein Weg war und ist ein düsterer, freudloser, hoffnungsloser. Davon will ich dich befreien. Nein, ich muss! Denn wenn du nicht glücklich bist, kann ich es auch nicht sein. Wir brauchen uns. Bitte lass es uns versuchen! Bitte sag ja!

Hör zu: Ich bin nicht so am Arsch, wie du meinst! Und *ich* brauche *dich* nicht! Nur du erwartest alles vom Leben. Sieh dich doch mal um, das Leben ist der pure Überlebenskampf, garniert mit ein paar Plastikblümchen und ein bisschen Staubzucker obendrauf, damit du wieder Lust bekommst, am Leben zu lecken. Das Leben gibt dir gerade so viel, um dich nicht von einer Klippe zu stürzen.

Siehst du, genau darüber müssen wir sprechen!
Du bist doch ein Teil von mir, und so spüre ich ständig dein Gift, wie es pulsiert und sich in meinen Magen gräbt. Ich sehne mich so danach, endlich glücklich zu sein und das Leben unbeschwert zu genießen. Warum muss immer alles so ernst sein, mein großer, erwachsener Todernst du? Ich möchte dich einmal zusammen mit mir lachen sehen!

Kapitel 2
Über das Lachen

Du törichter Kerl! Nur Kinder und Irre lachen grundlos und du hast viel von beiden. Und Bekiffte und Betrunkene ziehen sich dazu ihren Stoff rein – du brauchst nicht einmal das: Kompliment.

Uuuuh! Jetzt wird's ernst! Sei doch mal locker: Mit Humor geht alles entschieden leichter. Oder bist du vom ganzen Rumsitzen schon zu faul zum Lachen? Ist dir etwa sogar das Lachen zu anstrengend? Oder glaubst du, Humor sei gesundheitsschädlich, weil es heißt, Lachen sei ansteckend? Oh, der war gut!

Was gehst du mir auf die Nerven! Auf solche kindischen Ideen kannst auch nur du kommen!
Es gibt im Leben nicht viele Gelegenheiten zum Lachen! Dazu ist es auch gar nicht da.

Bitte? Das Leben ist doch voller Lach-Gelegenheiten! Lachen ist doch ein Ausdruck von Glücksempfinden und Gesundheit, es ist doch ein ganz natürlicher Instinkt. Einfach die Mundwinkel nach oben schieben und schon geht's los! Lacht einer, lacht der nächste und eins, zwei, drei wird das Lachen zur Pandemie und verbreitet sich über den ganzen Globus… Oder warum hätte uns die Schöpfung sonst mit so einer fantastischen

Fähigkeit ausstatten sollen? Nur um den ganzen Tag herumzuschmollen wie du? Komm schon, Ernst, lachen wir doch einmal gemeinsam! Nur einmal versuchen! Bitteee!

Das ist lächerlich. Ich will mich nicht dazu zwingen! Dein Lachen ist weder das Resultat von Freude noch hat es etwas mit Natürlichkeit zu tun. Du lachst bloß, um dich von deinem Frust zu befreien, nicht aus „Freude". Mit Lachen baut man bloß seine inneren Spannungen ab. Genauso gut könntest du weinen oder einen Wutanfall bekommen. Du ziehst es halt vor, dich in Humor zu flüchten, das verschafft dir ein Gefühl momentaner Befriedigung. Aber dazu musst du deine Kritikfähigkeit auf null stellen und jeden ernsthaften Anspruch davonjagen. Dumm, aber glücklich ist deine Devise, nicht wahr?

Na und, meinetwegen! Auch wenn es so wäre: Lachen ist immer noch besser als sich frustriert auf eine Bank zu setzen und Trübsal zu blasen wie du!

Merkst du nicht, dass das alles bloß Schönrederei ist? Das Leben ist doch keine Lachübung! Und es ist kein Wunschkonzert. Das müsstest du nach all den Jahren wirklich selbst herausgefunden haben.
Das Leben ist schon eher eine Krankheit – die mit Geschlechtsverkehr übertragen wird und immer tödlich endet.

Hei, du willst nicht lachen, aber Humor hast du! Jetzt hast du dich verraten!
Natürlich ist das Leben ein Wunschkonzert! Man kann

doch wählen, ob man lieber traurig oder fröhlich ist! Dieser Ernst-Bär, wurde uns doch schon im Kindesalter aufgebunden, erinnere dich zurück: „Genieße noch die Zeit im Kindergarten", hieß es, „denn schon bald beginnt der Ernst des Lebens!" Etwas später hieß es dann: „Ach, die Schulzeit war doch noch die schönste Zeit, sei froh, dass du noch nicht arbeiten musst, denn dann beginnt der wahre Ernst des Lebens!" Weißt du noch, wie uns Jörg ein Jahr nach seiner Hochzeit gesagt hat: „Sei froh und genieße dein Junggesellendasein, denn wenn du erst einmal verheiratet bist, beginnt auch für dich der Ernst des Lebens." Wie oft bitte soll der „Ernst des Lebens" denn noch kommen? Dann war der vorherige immer nur ein unnötiges pessimistisches Vorurteil? Siehst du, die Logik widerlegt das Szenario von selbst. Aber daraus lernen? Denkste! Immer weiter wird der angeblich gegenwärtige und zukünftige Ernst aus der Klamottenkiste gezogen, abgestaubt und reanimiert. Der Ernst ist doch nur ein düsterer Traueranzug zu meist völlig unpassendem Anlass!

Du sprichst mir also jede Existenzberechtigung ab? Nur du kennst das Leben? Du warst immer schon der Überhebliche von uns zwei! Ich sage dir eins: Ich möchte nicht wissen, wo wir heute wären, wenn ich die ganzen Jahre nicht ständig auf dich aufgepasst und dein unnützer Ernst gewesen wäre! Ich habe dich vor so vielen dummen und leichtsinnigen Taten bewahrt. Du solltest mir danken, anstatt mich zu beleidigen!

Aber nein, versteh mich nicht falsch! Ich meine doch nicht die Ernsthaftigkeit an sich. Ich kann auch ernsthaft sein…

Ach was? Das wäre mir neu! Du bist einfach nur lächerlich. Und ich kann auch lachen – vor allem über dich, du Komiker!

Aber ich spreche doch nicht davon, dass man sich nicht ernsthaft mit einer Sache auseinandersetzen soll, genau das mache ich hier doch gerade! Ich spreche vom bleiernen Ernst, von all den schweren Gedanken, der Angst, den Sorgen, der Schwermut und der Unzufriedenheit. Dieses Waffenarsenal hast du, lieber Ernst, immer wieder aus dem Hinterhalt auf mich abgefeuert – leider oft mit durchschlagendem Erfolg. Es gibt doch sonst kein Mittel gegen die Freude außer den Ernst! Lebensfreude wirkt umwerfend ansteckend, reißt Mauern nieder…

Du bist und bleibst ein Fantast und brauchst gerade mich, um dich immer wieder zu erden. Ständig machst du dir etwas vor und erfindest alle erdenklichen Ausreden, um dir das Leben schön zu reden. Und dann fällst du auf die Schnauze und plärrst.
Das Leben ist eben kein Scherzkeks und zeigt es dir immer wieder. Und dann merkst du selbst, dass dein Humor bloß ein Strohhalm ist, an dem du dich festhältst. Und dann bricht er entzwei und das reale Leben spült dich weg. Und ich darf dich dann wieder aus dem Schlamassel ziehen. Es ist immer dasselbe. Ich sehe die Dinge von vornherein wie sie sind und nicht durch eine rosarote Schutzbrille wie du. Nimm sie ab und stell dich! Mal schauen, ob du dann noch lachst! Oder vor allem *wie* du dann lachst!

Du hast doch ein total falsches Bild von dir! Hast du schon einmal überlegt, ob nicht vielleicht *du* ein Ernst-Opfer bist? Dass sich deine Art von Ernsthaftigkeit als Zerrspiegel der Realität tief in deinen, in unseren, Kopf gebrannt hat? Natürlich nicht sichtbar, als Brandmal auf unserer Stirn, aber noch viel schlimmer: Tief unter die Haut, in unser Unterbewusstsein. Wahrscheinlich steckt sogar in jeder Person so eine verdammte Spaßbremse. Man kann keinen Schritt gehen, ohne auf den Ernst zu treten wie in Hundescheiße! Mittlerweile geht doch nichts mehr ohne Ernst. Fehlte nur noch, dass es auch einen Ernst zum Lachen braucht.

Sicher! Und Gott sei Dank! Denn mit dem, was du unter Spaß verstehst, ist oft überhaupt nicht zu spaßen! Im Gegenteil! Soweit lass ich es gar nicht kommen. Das wird nämlich schnell bitterer Ernst für andere!

Sag mal, spinnst du, worauf willst du jetzt hinaus?

Auf all die Male, wo dich deine gedankenlose „Lustigkeit" aufs Glatteis geführt hat. Ich möchte dich z.B. daran erinnern, wie du Peter, einem unserer besten Freunde, mit deiner idiotischen Ironie gewaltig auf den Schlips getreten bist. Der hat deine Art von Humor sehr ernst genommen, tierisch ernst sogar!

Ach so! Zugegeben, das war nicht gerade einfühlsam von mir, das stimmt. Da hatte mich wohl der Übermut gepackt. Weißt du, dass mir das heute noch leidtut? Aber das war nur ein Ausrutscher und ist seither hoffentlich nie

wieder geschehen. Und ich war nicht allein schuld daran, du warst ebenfalls beteiligt: Ich kann mich noch sehr gut erinnern, wie du mich manchmal eifersüchtig auf andere gemacht hast, die Spaß am Leben hatten, wenn es mir wieder einmal wegen dir dreckig ging.
Ich fühle immer wieder, wie du mich in deinen negativen Dunstkreis hineinziehst. So werden wir doch nie glücklich! Ohne Humor ist das Leben doch nicht lebenswert! Die Ironie, das Lachen und die Freude scheinen auf der modernen Lebensbühne ohnehin nur mehr eine Nebenrolle zu spielen, während dir, lieber Ernst, die Hauptrolle zugesprochen wird. Das ist doch absolut ungerecht! In deinen Augen bist nicht nur du allein der Realitätsnahe, Lebenstüchtige, sondern auch noch der, der sogar das Lachen beherrscht – und wenn es nur Spott und zynisches Gelächter sind, die du kennst. Und lustvolles, unbeschwertes Lachen, mein Lachen, ist von vorn bis hinten naiv und lächerlich, na bravo!

Ganz genau, jetzt hast du es endlich gerafft. Und gerade dein lachhaftes Gehabe im Leben hat mich nicht nur extrem genervt, sondern hat *mir* oft das Leben mit dir gewaltig schwer gemacht. Weil du nämlich dein ganzes Leben lang lustig drauflos in deinem Wolkenkuckucksheim herumgehopst bist, hat man uns nicht ernst genommen und ständig zum Erwachsenwerden aufgefordert. Ich habe mich so oft für dich geschämt, mein Lieber! Du hast immer nur an dich gedacht. Damit hast du uns beiden das Leben schwer gemacht.

Tja, so gesehen, hattest du es sicher nicht immer leicht

mit mir, das muss ich wohl zugeben. Und dass mir meine Sehnsucht nach Unbeschwertheit, Freude und Harmonie oft das Gegenteil eingebracht oder nichts gebracht hat als Seifenblasen, stimmt sicher auch irgendwie. Aber der ganze Ernst, die Unzufriedenheit, all die schweren Gedanken, die *du* in mich hineinlegst, sind dennoch ein ernsthaftes Problem für mich. Und außerdem: Wenn man schon in einer ernsten Welt lebt, kann man da viele Dinge nicht auch etwas leichter nehmen und hie und da eine schillernde Seifenblase genießen, bevor sie platzt? Vielleicht tut sie's dann gar nicht?

Siehst du! Da haben wir sie wieder, deine Illusionen. Deine Kuschelpölsterchen für zarte Gemüter, die das reale Leben nicht aushalten können. In Wahrheit läufst du nur davon. Ab in die Traumwelt, oder? Diese Freiheit nimmst du dir nur allzu gerne. Und auf meine Kosten.
Wo kämen wir da hin, wenn jeder sich nur mehr des Lebens freuen würde? Wo bliebe denn da der mühsam erkämpfte Fortschritt, wo das ernsthafte und hartnäckige Streben nach etwas Gültigem, Dauerhaften? Dann würde nur mehr Chaos herrschen! Dann würde sich niemand mehr an Gesetze halten, jede Ordnung, jede Vernunft würde einfach gemeinschaftlich in Grund und Boden gelacht. Aber das wäre ganz nach deinem Geschmack, nicht wahr?

Die Vorstellung hat etwas Verführerisches, geb' ich zu, ja. Ich hätte oft große Lust dazu.

Jetzt hör mir mal zu, du Clown:

Der Mensch *muss* eingeschränkt und in die richtigen Bahnen gelenkt werden! Ihm müssen die Flausen ausgetrieben werden, denn er ist tief in seinem Innersten ein Lustvampir, ein hedonistisches Monster.

Das stimmt doch nicht, Ernst! Aber eben: Genauso kenne ich dich! Weißt du, es ist manchmal ganz schön schwer, dich als Teil meiner Persönlichkeit anzuerkennen. Du glaubst tatsächlich, dass unsere wahre Natur grausam und dunkel ist, dass wir kein grundlegend gutes Wesen haben! Für dich ist es tatsächlich schwirig, an unsere guten Eigenschaften wie Liebe, Güte und Mitgefühl zu glauben. Hast du dich einmal gefragt warum? Nein? Dieser Glaube an unsere begrenzte und armselige Persönlichkeit ist dir so sehr in Fleisch und Blut übergegangen, dass du dir gar nicht mehr vorstellen kannst, ohne sie zu leben! Das Problem bei der Sache ist nur, dass dieser Glaube auch in mein Blut übergegangen ist, denn du bist ich und ich bin du. Gemeinsam bilden wir eine Einheit. Also sollten wir uns irgendwie auf einen gemeinsamen Nenner einigen – und der sollte ganz klar ein grundsätzlich positiver sein.

Ich habe ständig das Gefühl, dass du hier den Lehrmeister spielst und mich auf Teufel komm raus von deiner Meinung überzeugen willst! Aber das zieht bei mir nicht, das kann ich dir sagen! Das ist nicht mein Niveau.

Also manchmal möchte ich dich einfach auskotzen, aber wohin? Aus dem Fenster, auf die Straße, auf den Bürotisch? Oder klassisch in die Kloschüssel? Wenn man durch die Straßen geht, möchte man meinen, der Ernst stünde den Leuten schon bis zum Hals und es fehlte nur noch der letzte Reiz bis zum Erbrechen! Manchmal habe ich so genug von dir, Ernst! Du bist wie ein Parasit, den ich irgendwann verschluckt habe und nun nicht mehr loswerde. Manchmal würde ich dich am liebsten hinausspülen, entschlacken oder abführen, damit du endlich von mir weichst und dich schleichst!

Na also! Das ist der Beginn einer wunderbaren Feindschaft. Auge in Auge. Jetzt wird es langsam richtig schön ernst, oder?

Hör auf! Du torpedierst ständig meine Psychohygiene! Du ziehst nicht nur meine Seele, sondern auch meinen Körper in Mitleidenschaft, injizierst dein Gift in jede meiner Zellen, sodass sich alles in mir verkrampft! Ich spür dich wie einen Schraubstock im Kopf, wie eine Zunge im Schlund, wie eine Zange im Herzen, in jedem Organ, in jeder Zelle! Am liebsten würde ich dich exorzieren lassen!

Klar bin ich an allem schuld: An den Kopfschmerzen, wenn du zu viel getrunken hast, an deiner Morgendepression, wenn du dir wieder einmal die Nacht um die Ohren geschlagen hast, an deiner Übelkeit und deinem Durchfall, wenn du dich wie eine Sau vollgefressen hast...

Ja, du bist das Kolibakterium und der Bandwurm in meinem Darm! Bald gehst du noch über meine Prostata, weil du mir so auf die Eier gehst!

Ich schätze, jetzt reicht's! Das ist also deine Art von Humor? Man höre und staune!

Mir reicht es jetzt auch so langsam! Ich sage es jetzt noch einmal, klar und deutlich, ein für alle Mal, definitiv und entschieden: ICH bzw. DU, also WIR, Herrgott nochmal, mir ist hier einfach alles zu negativ! Ich protestiere gegen deine abgrundtiefe Destruktive!

Willst du jetzt mit Steinen nach mir werfen oder mich mit Molotowcocktails beschmeißen? Dann verletz dich nur selbst! Du kotzt hier doch bloß deinen eigenen Frust aus. Jetzt kommt endlich deine wahre Natur zum Vorschein.

Eigentlich dachte ich an eine friedliche Lösung, aber du machst mich gerade so wütend, dass ich tatsächlich daran denke, ob man dich nicht einfach zu deinem Glück zwingen sollte! Gehirnwäsche, Lachfolter oder was weiß ich…

Ja genau! Du kannst ja eine Lachdiktatur errichten oder ein Ausbildungscamp für Lachterroristen gründen. Das wäre doch was für dich.

Das wäre gar keine schlechte Idee… Wenn dem Ernst sonst nicht beizukommen ist, dann vielleicht mit Gewalt? Schau, du bist doch bloß eine Kopie all dieser Miesepeter-Typen, die die Welt verseuchen, indem sie pausenlos neue Kopien ihrer selbst erstellen. Merkst du denn nicht, dass du bloß die Einstellungen anderer Ernste übernommen und dich von unserem wahren Sein entfernt hast?

Von wegen! Ich bin, so wie ich bin, hundert Prozent authentisch!

Hundert Prozent daneben! Nein, jetzt einmal „ernsthaft" – im doppelten Sinn des Wortes: Sehnst du dich nicht auch nach mehr Leichtigkeit und Freude? Wünschen wir uns nicht alle mehr Zusammenhalt unter den Menschen? Von nichts kommt doch nichts, Ernst! Merkst du nicht, dass du dich so bloß unbeliebt machst? Keiner liebt so ernste Leute. Und wenn du tagein, tagaus nur Trübsal bläst, wird sich nie etwas in unserem Leben ändern.

Aber warum denn? Die meisten Probleme lösen sich doch ohnehin von alleine, man darf sie nur nicht dabei stören…

O bitte, Ernst, ich flehe dich an! Sei gnädig und wenigstens dieses eine Mal bereit, dich mit mir auseinanderzusetzen. Jetzt, wo es mir schon einmal gelungen ist, dich aus der Reserve zu locken, sprich mit mir! Falls du am Ende immer noch von deinem Todernst überzeugt bist, werde ich dich sicher nie wieder belästigen, versprochen!

Versprochen?

Du hast mein Wort!

Na gut. Und was willst du mit mir besprechen? Vom Lachen hab ich genug.

Ich hätte gerne über ein paar hochinteressante Fragen mit

dir geredet, die mir immer wieder durch den Kopf gehen. Mich würde zum Beispiel brennend interessieren, was du über die Welt und das Leben denkst, ob du an einen Gott glaubst, was du von der Liebe hältst, was dir Angst macht, was du von uns beiden und von unserem Leben denkst … einfach alles! Wir haben so viel nachzuholen, Ernst!

Ach du meine Güte!!! Da bekomm ich doch gleich sooo einen Kopf!

Bitte Ernst, tu mir den Gefallen! Nur das eine Mal. Wie gesagt, wenn du am Ende immer noch von dir überzeugt bist, werde ich dich nie wieder belästigen!

Also gut. Aber ich warne dich: Falls du vorhast, mich einer Gehirnwäsche zu unterziehen, drehe ich den Spieß um, ich bin nicht dumm!

Das weiß ich doch! Nein, ich möchte wirklich ein ernsthaftes Gespräch mit dir führen.

Hast du grad ernsthaft gesagt?

Ja doch!

Dann bin ich interessiert! Aber ich will die Wahrheit, die volle Wahrheit, keine Kindereien mehr über dich oder mich oder weiß der Kuckuck!

Kapitel 3
Die Wahrheit über uns selbst

Einverstanden, ich bin dabei. Dann sprechen wir zu allererst einmal von der Wahrheit über uns selbst. In Ordnung?

Von mir aus. Aber ich bezweifle, dass du die wirklich hören willst.

Warum?

Die könnte deinem Lieblingsglauben gefährlich werden und deine größten Illusionen zu Fall bringen.

Welchem Lieblingsglauben? Ich habe doch gar keinen Lieblingsglauben.

Klar hast du den. Du glaubst ans Schlaraffenland, wo dir gebratene Hühnchen in den Mund fliegen, ans Paradies auf Erden, das auf dich wartet, während du bloß vorübergehend im Stau steckst – natürlich wegen mir.

Ich glaube an das Gute im Menschen, nichts weiter. Du kannst ganz offen sein, Ernst, ich habe nicht die geringste Angst vor der Wahrheit, ich kenne sie bereits.

Na, das sieht dir wieder einmal ähnlich. Natürlich

beanspruchst du, im Besitz der absoluten Wahrheit zu sein, du eingebildeter Schnösel. Wenn du eine Lebensmittelpackung wärst, würde auf der Zutatenliste auf deinem Rücken stehen: 49% Ignoranz, 49% Arroganz und ein paar esoterische Geschmacksverstärker und Aromastoffe obendrauf.
Also gut, du hast es so gewollt. Dann nehme ich jetzt kein Blatt mehr vor den Mund und sage dir offen, was ich denke!

Nur zu!

Aber sag nicht, ich hätte dich nicht gewarnt!

Leg los, Ernst!

Also gut. Erstens: Du bist bloß einer von ohnehin schon viel zu vielen, wusstest du das?
Wenn du entlassen wirst oder endgültig den Löffel abgibst, findet man sofort einen passenden Ersatz für dich, egal in welcher Position du auch bist. Du bist bloß eine Nummer, ein Nichts. Es wird sogar immer einen Besseren, Schöneren und Stärkeren als dich geben! Du solltest endlich aufhören, dich selbst so ernst zu nehmen – bist eh der Einzige, der das tut. Du magst dir groß und wichtig erscheinen, im Maßstab des Universums bist du nur ein klitzekleines Sandkorn, ein Wassertropfen im Ozean. Du bist absolut unwichtig! Das ist die Wahrheit. Und jetzt widerleg sie oder sieh ihr endlich ins Angesicht!

Aha, ok! Nun, einerseits hast du vollkommen recht: Mit

Sicherheit sind wir nur ein ganz kleiner Teil eines riesigen Universums. Aber glaubst du denn, dass mich das aus den Latschen wirft? In einem wesentlichen Punkt irrst du dich nämlich gewaltig: Jeder von uns ist trotzdem enorm wichtig! Denn: Keine Wüste ohne einzelne Sandkörner, kein Meer ohne einzelne Tropfen. Ohne einzelne Teile gibt es kein Ganzes auf dieser Welt. Das allein beweist schon die Bedeutsamkeit des Einzelnen. Aber auch was die Ersetzbarkeit angeht, passt dein Bild nicht, denn kein Sandkorn ist identisch mit dem anderen und kein Wassertropfen gleicht dem anderen. Wir sind wundervoll und einzigartig, ganz unabhängig davon, ob wir Heilige oder Schwerverbrecher sind. Einzigartig sind wir schon allein deshalb, weil es uns nur einmal auf dem ganzen Planeten gibt, ist das nicht großartig? Normalerweise sind Dinge, die es bloß einmal auf dieser Erde gibt, unbezahlbar. Ok, ein Bild von Picasso oder Van Gogh ist käuflich, aber saumäßig teuer. Wir alle sind lebendige Kunstwerke, Unikate, unnachahmlich und absolut unbezahlbar. Dabei ist es völlig egal, ob wir, dünn oder dick, alt oder jung, dumm oder gescheit, schön oder hässlich, Mann oder Frau, gelb, schwarz, rot oder weiß sind. Außerdem spielt es keine Rolle, was wir tun, ob wir Putzfrau, Hilfsarbeiter, Koch, Arzt oder Millionär sind. Ob wir 15 Stunden am Tag arbeiten oder gar nicht, ob wir uns um alles und jeden kümmern oder bloß auf einer Bank sitzen wie du. Du siehst: Auch du bist einzigartig und nicht zu ersetzen – auch wenn mir dieser Gedanke zwischendurch schwerfällt...

Vielen Dank für deine Großzügigkeit. Meine Unersetzlichkeit für dich liegt auf der Hand, an deiner könnte man schon viel eher zweifeln. Aber solltest du auch mit der Unverwechselbarkeit und Einmaligkeit recht haben, sehe ich trotzdem keinen Grund, ein solches Trara daraus zu machen. Du bist nicht wichtiger als eine Ameise.

Aber ich brauch doch gar nicht wichtiger zu sein als eine Ameise! Ameisen haben auch ihren ganz wichtigen Platz auf dieser Welt. Aber hier geht's ja nicht um Ameisen, sondern um Menschen und damit auch um mich, um dich, um uns. Also gehen wir mal tiefer in uns hinein und schauen, was da so alles Schönes zum Vorschein kommt: Mund auf, Zunge raus und … ahhh sagen! Aha, wir sind fähig zu lieben und zu danken. Wir können helfen und freundlich sein, wir können barmherzig sein und wunderschön lächeln. Wir sind fähig, demütig zu sein und ich sehe Güte in uns! Stell dir vor, auch in dir! Jetzt bist du baff, was?

Jetzt bleib mir bloß vom Leib! Auf deiner Schleimspur kommt ja eine Schnecke noch ins Schleudern! Wie ist das möglich, dass du immer nur das eine Auge aufbekommst? Bist du ein Zyklop? Wir sind genauso fähig, unfreundlich zu sein, zu morden, zu schlachten, zu schächten, zu lügen, zu betrügen und zuzutreten, wenn jemand am Boden liegt. Wir können vor Rachegelüsten triefen, wir können vor Neid alles zerstören, was andere geschaffen haben.

Willst du damit sagen, dass ich ein potentieller Mörder bin?

Nein, das könnte ich *mir zuliebe* eventuell verhindern. Aber ich habe dich oft genug wenig menschenfreundlich erlebt, wenn es um deine Interessen ging! Tu nicht so scheinheilig.

Klar, natürlich können wir auch mal weniger nett, ja sogar sehr wenig nett sein. Auch ich, keine Frage. Wir leben offensichtlich in einer dualistischen Welt: Es braucht die Dunkelheit, um das Licht zu erkennen. Dadurch erkennen wir doch erst unser wahres Wesen, und das ist gut.

Du findest wohl immer ein Argument! In meinen Augen ist das reiner Zynismus. Brauchen wir Kriege, um Pazifisten zu werden? Spreng doch gleich die ganze Welt in die Luft, flüchte in deine Raumkapsel im Orbit und sage: „Oh, jetzt weiß ich, dass das ein Fehler war, tut mir schrecklich leid! Ich tu's nie wieder, ich hab dazugelernt!"

Nein, so war das nicht gemeint. Es braucht einfach die Gegensätze, so wie wir uns gegenseitig brauchen.

Ah! Und ich bin die Dunkelheit und der Hass, und du das Licht und die Liebe, was? Apropos: Hattest du nicht gerade die Demut erwähnt? Mein Guter, du hast so einen übersteigerten Geltungsdrang, sowohl was dich als Individuum als auch, was die menschliche Spezies anbelangt, das grenzt schon fast an Besessenheit. Ich hab's: Du hast eine narzisstische Persönlichkeitsstörung! Anscheinend fehlt es dir an Selbsteinschätzung. Deine Wahrnehmungskanäle sind wohl nicht nur nach außen, sondern auch in deine eigene Richtung mit einem Wahrnehmungsfilter ausgerüstet, der nur das Schöne und Gute durchlässt.

Wenn meine Wahrnehmungskanäle verstopft sind, dann sind es deine mindestens genau so, denn du lässt umgekehrt überhaupt nichts Positives mehr durch! Du hast dein Rohr etwas zu tief angesetzt, deshalb kommt nur der Schlamm nach oben. Du verwechselst Abflussrohr mit Trinkwasserleitung, mein Lieber!

Wenn mein Rohr zu tief angesetzt ist, ist deines zu hoch eingebaut und du ziehst nur laue Luft an. Die vernebelt dir das Hirn!

Ach Ernst! Könnte unser Gespräch denn nicht dazu dienen, unsere Wahrnehmungskanäle gleichzuschalten? Das wäre doch eine Win-win-Situation!

Du Loser!!! Wenn man sich auf dich einlässt, kann man nicht gewinnen.

Hör zu: Kann gut sein, dass ich oft unangenehme Dinge ausblende und eine etwas selbstverliebte Wesensart habe, ...

Nur „etwas selbstverliebt"?

Jetzt lass mich doch mal ausreden!
Wenn schon, bist du nicht weniger selbstbezogen als ich. Nur bist du auf deine Art auch noch autodestruktiv

unterwegs. Was ist denn so falsch daran, sich selbst zu lieben? Grundsätzlich gilt: Nur wer sich selbst liebt, kann auch andere lieben.

Grundsätzlich ja, aber die Dosis macht das Gift.

Herrgott, jetzt mach mal halblang! Musst du mich immer so runtermachen!

Du hast mich jahrelang noch ärger runtergemacht! Jetzt kannst du mal sehen, wie sich das anfühlt!

Also gut, dann noch einmal: Es tut mir leid, Ernst! Ich bin dir dankbar für dein Bemühen, mich von meinen illusionären Holzwegen herunterzuholen, mich zu Verstand zu bringen usw. Das hast du unübertrefflich gut gemacht. Also sag Bescheid, wenn ich dir genug gehuldigt habe.

Das könnte aber dauern!

Meinetwegen! Ich gebe uns nicht auf! Hör zu: Diese Schwarz-Weiß-Malerei bringt uns doch nicht weiter! Sind wir denn alles oder nichts? Komm schon, Ernst. Entweder lässt du dich auf mich ein oder lässt es sein. So kann's jedenfalls nicht weitergehen! So kann ein Zusammenleben zwischen uns nicht funktionieren. Im Übrigen bin ich nicht so selbstverliebt wie du glaubst, sonst würde ich häufiger Jasager und Bewunderer um mich scharen und mich nicht ausgerechnet mit dir unterhalten. Ich bin bereit, mich kritisch auseinanderzusetzen. Traust du dich auch?

Also, ein Feigling wäre ich auch noch in deinen Augen, nur weil ich mich nicht auf nutzloses Geschwafel einlassen will? Aber bitte, schauen wir mal, was du dem entgegenzuhalten hast: Wenn wir schon so wunderbar und einzigartig sind, warum verurteilen wir uns dann so oft, fühlen uns minderwertig und schuldig? Mit solch wunderbaren Eigenschaften, wie du sie im Menschen siehst, müssten wir doch unheimlich stolz auf uns sein. Aber da gibt es wohl nicht viel, worauf wir stolz sein könnten, nicht wahr? Wir sind das Krebsgeschwür dieses Planeten. Der Mensch breitet sich aus wie ein Virus und wenn er alle Ressourcen ausgebeutet hat, zieht er weiter und hinterlässt eine Spur der Verwüstung. Ich hoffe, du weißt, worauf das hinausläuft!

Das weiß keiner, Ernst. Aber ich kann dir vielleicht sagen, woran es liegt, dass wir oft unseren wahren Wert nicht sehen.

Jetzt bin ich aber gespannt!

Die Götter sind schuld. Immer sind die Götter schuld. Nein, Spaß, natürlich nicht! Vielmehr sind es die Vorstellungen der Menschen von den Göttern: Der Mensch ist einerseits das einzige Lebewesen, das seine eigene Existenz und die der ganzen Schöpfung auf eine höhere Instanz zurückführen kann, ja muss: Denn ohne Zweifel sind bereits die frühen Menschentypen darauf gekommen, dass der Mensch als bloßer Teil

der Schöpfung nicht selbst oberster Schöpfer sein kann. Anderseits, und da beginnt das Problem: Der Mensch kann keine konkrete Vorstellung einer übermenschlichen Instanz entwickeln. Er ist in seinen engen menschlichen Vorstellungskategorien gefangen.
Wie dachte sich also der Mensch diese Götter, die so unendlich mächtig waren und einfach alles bestimmen konnten? Natürlich wie einen menschlichen Machthaber. Und in welchem Verhältnis steht ein Herrscher zu den Beherrschten? Er benutzt sie für seine Zwecke. Das ist eine uralte und immer neue Erfahrung mit Machthabern.
So ließen die Menschen ihre Götter nicht nur Himmel und Erde und Pflanzen und Tiere erschaffen, sondern als Krönung ihrer Allmacht eine ganz besondere Spezies, die ihnen ganz besonders zu Diensten stehen musste: den Menschen. Und wozu erschufen die Götter ihn? Damit er sich auf Erden für sie abschuftete und ihnen gleichzeitig ständig dafür huldigte, dass sie ihm die Gnade erwiesen, ihnen zu dienen.
Die Götter des Menschen machten ihn sozusagen zum Arbeitssklaven einerseits und zum Zeugen und Spiegel der eigenen Größe andererseits. Genau das sind nämlich die klassischen menschlichen Vorstellungen und Erfahrungen mit Mächtigen. Und damit die klassischen Gottesvorstellungen.

Aha! Und was wird das jetzt, Religionsstunde oder was?

Nein, das sind historische Tatsachen! Und jeder kritische Geist kann das beobachten. Schon Xenophanes, ein antiker griechischer Philosoph, hat dieselben Überlegungen angestellt, das habe ich irgendwo gelesen: Hätten alle Rinder und Rosse und Löwen Hände und könnten malen wie Menschen, meint er, würden sie ihre Götter dementsprechend entweder als Rinder, als Rosse oder als Löwen malen!

Und was hat das mit unserem Selbstwert zu tun?

Nahezu alles! Zur Vorstellung einer durch und durch wohlwollenden, uneigennützigen himmlischen Macht ohne Herrscherallüren fehlten der Menschheit wie gesagt schon seit frühesten Zeiten – und auch heute noch weitgehend – sowohl die Phantasie als auch die Erfahrung. Soweit, so gut. Wenn man diese Machtgelüste aber auf den Himmel allein übertragen hätte, hätten wir auf dieser Welt wenigstens im Glaubensbereich in brüderlicher Gleichheit leben können. Aber auch das ging schief. Denn was tat so mancher Zeitgenosse in den verschiedenen Erdteilen und Ländern, der keinen Bock mehr hatte, nur den Arbeitssklaven zu spielen, wenn er mit einer gehörigen Portion Verstand, Selbstbestätigungsbedürfnis und gewissen schauspielerischen Fähigkeiten ausgestattet war? Er erkannte in diesem Herrscher-Götterglauben ein äußerst nützliches Modell zur eigenen Machterlangung. Er machte sich selbst zum Mittler der Götter, zu ihrem verlängerten Arm, erstellte ein einigermaßen schlüssiges Glaubenskonzept – und schwups, war eine Religion geboren! Er nannte sich Sohn, Bruder oder gar Inkarnation des Gottes und stellte sich – mit dieser über alle Zweifel erhabenen Legitimation – über die anderen Menschen.

Er machte ihnen weis, dass an ihm kein Weg vorbeiführe, um zu Gott zu gelangen. „Die Götter haben zu mir gesprochen!", verkündete er wortgewandt. „Sie sagten mir, ihr sollt folgsam und fleißig sein und sie anbeten, dann werdet ihr eines Tages belohnt werden und ins Paradies kommen. Tut ihr das nicht, werden euch die Götter ins Verderben stürzen und ihr werdet das Paradies niemals betreten! Und mich haben sie zu eurem Hüter gemacht."
So einfach war es für den Götzenpriester, das Volk seiner hörig zu machen, mit einem ganz einfachen Mittel nämlich: mit Angst. Jeder Fehltritt, jeder Zweifel und Widerspruch an diesen Vorstellungen drohte das Volk in die ewige Verdammnis zu stürzen. Aber damit noch nicht genug, denn es kam noch besser…

Was du nicht sagst! Das war zu erwarten.

Da nicht jeder auf diesen Schwachsinn hereinfiel, geschah es, dass einige mutige Männer gegen den Priester aufbegehrten. Ihnen missfiel es genauso wie ihm, den ganzen Tag für die Götter schuften zu müssen. Also tat sich der Stärkste unter ihnen mit dem Priester zusammen und sie schmiedeten ein Komplott. Jetzt hieß es: „Die Götter haben auch einen heiligen König und Herrscher eingesetzt, um die Menschen auf dem rechten Weg zu halten." – und schwups, war die Koalition zwischen politischer und religiöser Macht installiert!
Ab jenem Moment hatte das Volk zwei Herren, für die es in Gottes Namen arbeiteten und denen es dienen musste: den Priester, also die Religion, und den herrschenden

König, die politische Macht.

Seither hat sich vieles auf der Welt verändert. Kulturen sind gekommen und gegangen, aber diese Hierarchie ist bis heute immer dieselbe geblieben. Seit jeher wird das Volk im Namen der Götter oder unantastbarer „heiliger" Werte und Prinzipien eingeschüchtert, verängstigt und mundtot gemacht. Man belügt und betrügt uns um unsere Freiheit und unseren wahren Wert. Ich will sagen: Weder Religion noch Politik haben ein Interesse daran, dass wir uns als wunderbare, selbstständige und schöpferische Wesen fühlen, warum auch? So können sie mit uns machen, was sie wollen! Und wehe dem, der sich dagegen auflehnt, sich nicht an die Gesetze der Mächtigen hält! Der wird verfolgt, eingesperrt, gefoltert oder umgebracht. Genau deshalb hat man Jesus am Kreuze sterben lassen, als warnendes Exempel für alle.

Puh, nicht schlecht! Diese Geschichte scheint mir tatsächlich Hand und Fuß zu haben. Du glaubst also, dass wir uns oft so klein und unbedeutend fühlen, weil man uns zu Sklaven erzogen hat?

Ja natürlich! Uns wird die Möglichkeit vorgegaukelt, in einer wunderschönen, freien Welt zu leben, wenn wir nur bestimmte Bedingungen erfüllen. Mit Hilfe dieser Versprechen werden wir aber in Wahrheit nur am Funktionieren gehalten. Wir glauben, wir strampeln uns für unser eigenes Wohlergehen ab, dabei bedienen und bereichern sich die wenigen Profiteure dieses Systems hemmungslos unserer Bemühungen und unseres Fleißes. Wohlstand und Sicherheit sind nichts weiter als die

Karotte vor der Nase des Esels. Dabei weiß der Esel oft gar nicht, wo er hinrennt. Da, wo die Karotte ist, läuft auch er hin.

Die Menschen haben wahrscheinlich immer schon die Sehnsucht gehabt, zu einer eigenen, freien geistig-spirituellen Ebene vorzudringen. Aber sie haben die Glaubenssysteme derer übernommen, die sich durch eine psychopathische Mischung aus Selbstüberschätzung und Minderwertigkeitsgefühlen über den verlängerten Arm der Götter Geltung verschafft hatten. Die Menschen waren einfach nicht im Stande, ihre eigene Dimension zu erkennen.

Auch heute werden wir in allen Lebensbereichen unter Stress gesetzt, verwirrt und mit Schreckensmeldungen bombardiert, bis wir vor Angst nicht mehr fähig sind, klar zu denken und nicht mehr wissen, wer wir *eigentlich* sind und was wir wirklich wollen und brauchen. Das Geld ist der Weihrauch der heutigen Zeit. Das Vakuum, das durch die fehlende Orientierung und den schwindenden Glauben an etwas Überirdisches entstanden ist, haben wir durch einen neuen Glauben ersetzt. Jetzt wird die spirituelle Dimension materialisiert. Das moderne Glockenleuten ist das Rascheln der Geldscheine in der Brieftasche, die neue Bibel der Kontoauszug, die neue Kirche die Bank. Für das heutige Wirtschaftssystem sind wir nichts weiter als Arbeitsroboter! Und wenn wir dieses Spiel nicht mehr mitspielen wollen oder vor Erschöpfung einfach nicht mehr können, werden wir eiskalt aussortiert. Genau deshalb scheint uns auch, dass wir nur dann einen Wert haben, wenn wir etwas leisten. Und nur insofern sind wir so ersetzbar – und fühlen uns dann auch so.

Kurzum: Wir haben uns klein gefühlt, weil dies gewollt war. Wir haben uns unbedeutend und schwach gefühlt, weil dies gewollt war. Erinnere dich doch, Ernst: Wir wurden verglichen, geprüft, bewertet und verhärtet und bereits in unserer Kindheit auf die Sklaverei vorbereitet. Schließlich sollten wir zu guten Arbeitern und braven Soldaten erzogen werden und dem Staate dienen – nicht uns selbst und den Mitmenschen. Wir sollen stille und folgsame Mitläufer sein, unseren Dienst verrichten, unseren Führern gehorchen – und möglichst nicht an uns selbst glauben!

Und du nennst MICH Ernst? Jetzt bleibt mir die Spucke weg! Die Menschheit so treffend in ihrer Minderwertigkeit zu beschreiben, wäre nicht einmal ich im Stande gewesen! Respekt! Jetzt hast du dir doch gerade deine eigene These widerlegt, du Kauz. Das Leben ist also doch nicht so glänzend wie du dachtest. Ich bin sowas von erleichtert, dass du endlich eingesehen hast, wie ernst das Ganze ist. Ich glaube, ich habe dich unterschätzt. Jetzt bin ich sogar etwas stolz auf dich.

Danke Ernst, das ist wirklich nett von dir. Aber du hast mich falsch verstanden: Ich habe dir diese Geschichte bloß erzählt, damit du endlich kapierst, dass nicht *wir* so böse und herzlos sind, sondern jene, die nie genug von der Macht bekommen. Das Problem sind die Gier und der Egoismus einzelner Menschen. Dein Denkfehler ist, dass du diesen kleinen, psychopathischen Teil der Menschheit für die Gesamtheit nimmst.

Wenn sich die Mehrheit der Menschen das gefallen lässt, dann ist das doch ein Beweis dafür, wie primitiv der Mensch gebaut ist! Denk doch mal umgekehrt: Könnte es nicht auch sein, dass der Großteil der Menschheit von ihrem Wesen her niemals eigenständig einen eigenen, glücklichen Weg gehen kann? Vielleicht braucht es diese Mechanismen, um ein Zusammenleben großer Menschengruppen überhaupt möglich zu machen? Irgendwie war das doch auch ein sehr erfolgreiches Modell, sonst hätte es die Menschheit wohl nie so weit gebracht. Der Mensch braucht starke Persönlichkeiten, die keine Angst haben, anderen Orientierung geben, Verantwortung übernehmen. Die Esel brauchen ihre Karotte. Anleitung kann doch auch eine dringend nötige Hilfestellung sein. Der Mensch braucht ein Rudel, dem er sich anschließen kann. Und eine Führung für die Richtung.

So ein Unsinn! Du hast einfach kein Vertrauen in die Menschheit! Kein Wunder. Du vertraust nicht mal dir selbst. Ich habe dir schon vorhin erklärt, dass uns nicht gelehrt wurde, frei und mächtig zu sein – und mit mächtig meine ich nicht etwa jene Macht, andere zu unterdrücken, sondern die Eigenmacht, unser Glück von innen heraus autonom zu erlangen. Wenn Menschen immer nur klein gehalten werden, entwickeln sie Stärkefantasien, wollen auch irgendwann einmal groß und mächtig sein wie ihre Leitfiguren. So opfern manche jedes andere natürliche Bedürfnis auf dem Altar der gesellschaftlichen Anerkennung, wollen Player sein im Selbstbehauptungswettbewerb. Also setzen sie alles daran, „erfolgreiche" Unternehmer, Politiker, Direktoren oder sonstwie „Vorgesetzte" zu sein. Exotische Exemplare gehen den Weg der kirchlichen Berufung – Hauptsache, vorne mit dabei! Wem es nicht gelingt, Führer zu sein, wird Polizist, Lehrer, Richter oder Gefängniswärter. Es gibt viele Möglichkeiten, unsere Machtgelüste zu stillen. Der eine oder andere legt sich beklagenswerterweise zu dem Zweck sogar Kinder zu. Die Menschen, die so zurechtgestutzt und klein gehalten werden, sehnen sich dann irgendwann auch danach groß und mächtig zu sein und anderen zu zeigen, wie klein und unbedeutend sie sind. Und so schließt sich der Kreis der Konditionierungen. Kurzum: Wenn die Menschheit heute noch die Karotte vor ihrer Nase braucht, wie du sagst, dann höchstens, weil sie nichts anderes mehr kennt. Und weil es ihr Sicherheit gibt. Das ist nichts weiter als das Resultat Jahrtausende währender Unterdrückung.

Mann, oh Mann!
Merkst du nicht, dass du immer nur anderen die Schuld an allem gibst?

Nein! Hier geht es nicht um Schuld! Hier geht es ums Bewusstsein! Wenn wir es schaffen, hinter den Vorhang dieser Jahrtausende alten Konditionierungen zu sehen, werden wir mit Sicherheit unseren wahren Wert erkennen. Dann wären wir in der Lage, unsere Mitmenschen nicht mehr wie Untertanen zu behandeln, so wie man es seit Jahrtausenden mit uns getan hat. Dann könnten wir sie als das schätzen, was sie sind: unsere Gefährten, unsere Wegweiser, unsere Freunde, unsere Brüder und Schwestern.

Könnten, müssten, hätten – von theoretischen Möglichkeiten halte ich persönlich nichts. Ich habe einfach keine Lust auf diesen Konjunktiv-Scheiß!!!

Klar. Du bist sicher nicht der Einzige, der keine Lust mehr auf diesen Scheiß hat. Die Welt ist voll von Ernsten und ich kann jeden einzelnen verstehen. Aber wenn wir gegen diesen Irrsinn von außen nicht ankommen, müssen wir etwas in uns selbst verändern. Wir müssen unser Inneres verändern. Einfach nur da sitzen und uns geschlagen geben ist keine Lösung. Wir sind wunderbare, freie und schöpferische Wesen, fähig zu lieben, zu teilen, zärtlich zu sein, gütig zu sein, hilfsbereit zu sein. Jeder Mensch ist tief in seinem Herzen gut, davon bin ich überzeugt! Es waren das Ego und die Gier, die es ermöglichten, ein Gesellschaftssystem zu erschaffen, welches jene dunklen Seiten im Menschen hervorbringt und nährt. Wir müssen zurück zum Ursprung! Niemand ist näher bei Gott, nur weil er sich zum Priester auserkoren hat, denn wir alle existieren gleichwertig in der göttlichen Schöpfung – und in jedem von uns steckt ein Visionär. Das zu entdecken, wird systematisch verhindert, denn das wäre für die Mächtigen dieser Welt enorm gefährlich!

Und was schlägst du vor? Ah ja, richtig: lächeln!! Bei Tag und bei Nacht!

Haha, warum nicht?

Sag das mal den Menschen, die verhungern und ihren Kindern beim Sterben zusehen müssen! Oder denen, die täglich im Bombenhagel um ihr Leben fürchten. Vielleicht lachen sie dann auch? Du bist schon kriminell naiv!

Versteh mich nicht falsch: Ich spreche nicht von Kriegen oder anderen humanitären Katastrophenlagen, obwohl selbst dort der Humor den Menschen zwischendurch ein hilfreicher Bruder sein kann. In vielen Teilen der Erde ist das Leben wahrlich nicht einfach und doch lachen die Leute dort mehr als anderswo. Aber ich will ja nicht die Welt retten. In erster Linie spreche ich über uns zwei, Herr Ernst. Kehren wir zurück zu unserem Thema…
Um zu verstehen, wer wir wirklich sind, müssen wir uns fragen, was sich gut anfühlt, was wir gerne tun, einfach was wir in unserem Herzen spüren. Man kann einfach nicht glücklich sein, wenn man nicht entdecken will, wer man ist und was man braucht. Du hast uns aufgegeben, Ernst, und dich so sehr angepasst, dass du gar nicht mehr wissen willst, wer du eigentlich bist. Und ich behaupte: Sogar eine Führung ist überflüssig, wenn sich jeder seiner Eigenmacht bewusst wird – und gleichzeitig erkennt, dass es kein persönliches Glück gibt, ohne das Glück der Gesamtheit im Auge zu behalten. Dann würden alle das gleiche innere Ziel haben und alle würden gemeinsam daran arbeiten.

Klingt schön, ist aber ein viel zu hoher Anspruch an die Menschheit. Schon allein deshalb, weil nicht jeder dieselben Fähigkeiten, dieselben Stärken, dieselbe Intelligenz hat, um sein Glück eigenständig in die Hand zu nehmen, wie du es dir vorstellst.

Genau, das gemeine Volk ist zu dumm dazu, sein eigenes Glück in die Hand zu nehmen! Du Antidemokrat du!

Machen wir uns nichts vor: Für die meisten Menschen ist die Demokratie ein viel zu weit geschnittener Anzug. Und auch du trägst ihn wahrlich schlecht. Du warst auch immer an einer viel zu langen Leine. Sieh dir doch an, wohin dich das gebracht hat!

Im Gegenteil. Das hat mir mehr Offenheit eingebracht, meinen Horizont erweitert und mich die Dinge aus einer höheren Perspektive sehen lassen.

Natürlich. So redet ein wahrer Demokrat: „aus einer höheren Perspektive" ... und die *meine* ist, ganz demokratisch gesehen, die niedrigere und damit noch demokratisierungsbedürftig. Bitte, bitte, demokratisier mich, auch wenn ich nicht würdig bin. Auf dass mein erbärmliches Dasein aus einer höheren Perspektive einen höheren Sinn erhalten möge!

Ach, leck mich doch! Für dich ist eh alles nur Scheiße! Gibt es überhaupt irgendeinen Sinn in deinem Leben?

Kapitel 4
Der Sinn des Lebens

Sicher nicht den, dich an deinem Allerwertesten zu lecken!

Was? Nein, hör auf! Diese Vorstellung macht mich schlagartig nüchtern, danke!

Bitte.

Im Ernst: Ich frage dich nach deiner Meinung: Warum glaubst du, sind wir auf dieser Welt, wo kommen wir her und wo gehen wir eines Tages hin? Hast du dich das nie gefragt?

Ich stelle mir doch nicht derart sinnlose Fragen! Aber ich kann mir vorstellen, wie viel Zeit du bereits damit vergeudet hast. Hör zu: Wenn es auf die Frage nach dem Sinn des Lebens eine Antwort gibt, dann wäre sie sicher einfach und simpel: Wir werden geboren, wachsen heran, pflanzen uns fort, legen für unseren Nachwuchs was auf die hohe Kante, werden alt und damit nutzlos und geben den Löffel ab. Erst wenn wir im Sarg liegen, hat man uns zum allerletzten Mal reingelegt! Das war's, Ende der Fahnenstange. Zufrieden?

Ach Ernst, du hast ja tatsächlich Humor! Du bist köstlich!

Aber falls du das, was du da gerade von dir gibst, tatsächlich ernst meinst – was ich befürchte – ist das überaus deprimierend. Das ist doch kein Lebenssinn!

Deute es, wie du willst. Zumindest ist es aber mal die Wahrheit!

Oi, oi, soviel zum Thema Wahrheit…

Ob absolute Wahrheit oder nicht, was spielt das für eine Rolle? Für mich schaut die Sache so aus: Es lohnt sich eigentlich nicht aufzustehen und etwas zu tun. Wir mühen und plagen uns ein Leben lang, und was haben wir davon? Nichts. Die Sonne geht auf und unter, die Erde dreht sich mit oder ohne uns. Die Frage nach dem Sinn des Lebens ist eine total fruchtlose Beschäftigung und bloß auf einen Nenner zu bringen: Wer weiß das schon?

Das ist doch völliger Unsinn! Das Leben ist ein kostbares Geschenk! Wir besitzen doch so viele wunderbare Sinne: Da wäre der Sehsinn, der Hörsinn, das Riechen, Schmecken und Fühlen. Was man schon alleine damit alles anstellen kann, ist doch absolut großartig. Damit kann man den Schmetterlingen beim Fliegen zusehen, den wunderbaren Honigduft der Blüten in sich aufsaugen, dem Geschmack von süßem Wein frönen oder den zarten Hauch eines lauen Sommerabends auf seiner Haut spüren … oder die zärtlichen Blicke und Hände eines wundervollen weiblichen Wesens…

So ein Quatsch, das ist doch genauso kein Lebenssinn!

Aber warum denn? Wir besitzen sogar noch weitaus mehr Sinne als bloß diese fünf: Ein Sinn, der es uns ermöglicht, leichter zu einer Antwort auf solche Fragen zu gelangen, ist der sechste Sinn. Will sich jemand an nichts und niemanden binden, hat er den Freiheitssinn. Will jemand einfach nicht von seiner Meinung abweichen wie du, hat er den Starrsinn. Fühlt sich einer im Familienkreis am wohlsten, hat er den Familiensinn, und am Rande eines Abgrundes zu stehen ist Leichtsinn. Menschen mit Waffen zu töten ist Wahnsinn und Freiheitskämpfer glauben an ihren Gerechtigkeitssinn. Michelangelo hatte den Kunstsinn, Albert Einstein mehr den Scharfsinn. Designer haben einen Schönheitssinn, Polizisten einen Spürsinn. In großen Städten brauchst du einen guten Orientierungssinn und wenn ich jetzt noch länger so weitermache, artet es in Schwachsinn aus.

Du sagst es! Blanker Nonsens! Sag mal, willst du mich verarschen?

Nö, wieso? Ohne ein gewisses Maß an Tiefsinn und zugleich Leitsinn drehen wir uns doch im Uhrzeigersinn. Und selbst, wenn uns all die Vielfalt dieser Lebenssinne nichts sagen würde, bleibt uns immer noch der Glaube an Übersinnliches. Das ist auch sinnvoll.

Mein Gott, wie tiefsinnig! Manchmal denke ich echt, du hast nicht alle Sinne beieinander. Und du bist mit deinen

Interpretationen von Leben nicht weniger eigensinnig als ich. Wenn du schon über den Sinn des Lebens reden willst, dann sei gefälligst etwas ernsthafter oder ist unsere gesamte Intelligenz auf mich übergegangen?

Oh, das war jetzt aber gemein. Verglichen mit deinem Frust-Koeffizienten scheine ich aber noch recht intelligent zu sein. Langsam glaube ich, du hast eine generelle Sinn-Phobie!

Und du eine Realitätsneurose! Benimm dich wie ein erwachsener Mensch und rede ernsthaft mit mir, anstatt so einen Schwachsinn daherzureimen! Dann bin ich vielleicht auch bereit, mich weiter mit dir auseinanderzusetzen, sonst können wir das Gespräch gleich beenden! Schluss!

Mein Gott, bist du aber empfindlich! Ich wollte dich bloß etwas aufmuntern, weil du das Leben gar so schwarzsiehst.

Wie ich das Leben sehe, lass mal meine Sache sein!

Eben nicht! Mann, genau das ist es doch! Es ist auch meine Sache! Schon vergessen? Wir sitzen beide im selben Boot, auf derselben Bank!

Zu meinem größten Unglück, ja. Und da machst du ständig deinen Hintern breit, um mich in die Enge zu treiben! Und dann wunderst du dich, dass du meine Ellenbogen zu spüren bekommst!

Nein, nein, beruhige dich! Du meine Güte! Jetzt komm schon, Örni, du musst mir wenigstens beipflichten, dass man die Erde auch als einen beseelten Ort und nicht als bloßen Materie-Klumpen ansehen kann. Versuch doch einmal deinen schweren und dunklen Vorhang beiseite zu schieben, reiß die Augen auf und lass die Sonne in dein Herz.

Das sagst gerade du, du blindes Huhn! Ich dachte, du wolltest über den Sinn des Lebens sprechen?

Ja natürlich. Das tun wir doch gerade!

Ja wo denn! Also noch einmal, wenn du vernünftig reden kannst: Wo ist dein sogenannter Sinn? Das Leben ist beinhart und grausam, das kannst du nicht leugnen! Auge um Auge, Zahn um Zahn, gefressen und gefressen werden, Leid, Schmerz, Abschied und Trauer. Das einzig Positive am Ganzen ist, dass einem die Freiheit gegeben ist, das Leben so zu nehmen, wie man es für richtig hält. Außer man hat so einen Quälgeist an seiner Seite wie dich, dann wird einem auch diese Freiheit genommen!

Das ist jetzt aber gemein von dir, Örni!

Ist doch wahr!

Nur zum Teil. Würde uns jemand vorschreiben, was der einzig wahre Sinn im Leben ist, wäre das mit Sicherheit ein kompletter Blödsinn. Das Leben ist so vielseitig, dass es eigentlich nichts gibt, was es nicht gibt. Aber um die

Entscheidung darüber, was wir beide mit unserem Leben anstellen wollen, kommen wir nicht herum und die kann unter Umständen schwieriger sein als das Leben selbst. Deshalb wäre die größte Fehlentscheidung die, keine Entscheidung zu treffen. Also Örni, treffen wir Entscheidungen!

Erstens heiße ich nicht Örni, zweitens solltest du etwas mehr Respekt vor mir haben und drittens habe ich bereits eine Entscheidung getroffen. Ich sitze auf meiner Bank, lass alles Unvermeidliche auf mich zukommen und konzentriere mich auf das Wesentliche, nämlich das Überleben! Du bist derjenige, der immer noch alles nach Antworten durchwühlt und zu keiner Ruhe kommt.

Ok, mag stimmen. Tut mir leid. Aber ich kann ohne deine Hilfe eben nicht so leben, wie ich es mir erträume. Und nur deshalb hast auch du keine Ruhe - vor mir und all meinen Fragen.

Das Leben ist ein Rätsel ohne Lösung, ein Labyrinth ohne Ausgang – aber mit Abgang, wenn es vorbei ist. Ich habe es gecheckt, du nicht. Merk dir endlich eins: Man kann nicht alles haben!

O Mann, wie hasse ich diesen leeren Spruch! Was hat dich denn zu so einem Pessimisten gemacht? Es war doch alles nicht so schlimm in unserem Leben. Sicher war es nicht immer einfach, aber deshalb gleich die Flinte ins Korn zu werfen, finde ich echt übertrieben.

....

Ernst?

....

Was ist los? Schmollst du?

Nein, ich langweile mich gerade zu Tode.

O, das tut mir aber leid! Wie kann ich dich bloß zum Aufstehen bewegen, um deinem, bzw. unserem Leben einen überzeugenden Sinn zu geben? Du glaubst doch nicht im Ernst, dass es unsere Bestimmung ist, die ganze Zeit nur durchzuhalten, auszuhalten, zu überleben?

Wer weiß. Aber solange ich nichts sehe, wofür es sich aufzustehen lohnt, bleibe ich am besten sitzen. Das spart Energie. Du bringst mich eh schon genug aus dem Häuschen. Und in Gefahr.

Du bist sowas von stinkfaul und stur! Ich kann dir sagen, woran es liegt, dass du so „down" bist und dem Leben nichts mehr abgewinnen kannst, es nur mehr als Last und Bürde empfindest. Aber das willst du sicher wieder nicht hören.

Was du alles weißt, Herr Lehrer! Na dann, raus mit der Sprache, sonst schlafe ich noch ein. An was liegt es denn deiner Meinung nach? Gäähn.

Es liegt an all den schweren Gedanken, die du dir machst! Ist nicht einmal der Moment, das Jetzt, der Augenblick schon sinnvoll genug? Ist nicht alles, was in deinem Kopf umherschwirrt, bloß Gedanke an Vergangenheit und Zukunft?

Genau, du Hobbyphilosoph. *Du* bist doch der Non-plus-ultra-Denker von uns zwei! Nur leider, leider immer in die verkehrte Richtung! Und du gehst mir gerade mit *deinen* Gedanken echt auf den Geist!

Na gut, ich gebe zu, dass ich auch nicht gerade wenig denke, dafür aber nicht so destruktiv. Das ist es doch! Alle Ernste denken zu negativ, sieh dich doch mal um. All die Sorgen und Ängste, all die Unzufriedenheit in den Gesichtern der Leute, was glaubst du, woher die kommen?

Die kommen daher, weil wir Ernste euch Narren immer zur Vernunft bringen müssen. Das zieht echt runter!

Ach so, jetzt wäre ich allein der Narr und an allem schuld!

Na wer denn sonst?

Na DU!!! Sieh dir die Sache doch einmal genauer an! Schwere-Gedanken-Stemmen scheint doch mittlerweile schon zum richtigen Volkssport, ja zur Volksdroge geworden zu sein. „Wieder eine Dosis Grübeln gefällig? Ja? Bitte gerne." „Darf es noch eine Portion ernsthafte Bedenken sein? Ja? Wohl bekomms." „Noch einen

Schluck Gedankenelixier statt dunkles Bier? Sehr wohl Monsieur, Madame." Und das ist noch die freundliche Variante! Viel öfter wird uns die Portion wie einer Mastgans in den Schlund gedrückt, obwohl wir eh schon nicht mehr können. „Was? Sie sind grad ganz ohne Gedanken? Nur beim Freuen und Genießen? Das ist ja unerhört! Sie wissen schon, wie unverantwortlich Sie sich benehmen? Zur Strafe eine Sonderration, damit Sie zur Besinnung kommen! Hirnklappe auf, stopf, stopf … sonst müssen wir Sie aus dem Verkehr ziehen! So was Gedankenloses wie Sie können wir nicht gebrauchen!"
Und besinnungslos jagen wir weiter Gedanken um Gedanken. Haben wir einen eingeholt, reicht der schon wieder das Stöckchen weiter, zeigt die lange Nase und zack! Schon springt der nächste davon und muss eingeholt werden. Kaum jemand scheint noch aus reiner Lust zu denken. Es ist schon fast eine Krankheit, ein Zwang, eine Obsession. Scheint, als müssten wir denken und lenken, ununterbrochen, unaufhörlich, ohne Pause!

Du spinnst doch! *Du* musst unaufhörlich denken und lenken! Du solltest dich mal hören, du Hirni! Lass doch einfach locker und geh mir nicht ständig auf die Nerven mit deiner Denkerei!

Ich will einfach nur diese Schwere in mir loswerden, sonst nichts! Ich möchte das Leben endlich genießen und ich denke ständig, welche Argumente ich noch finden kann, um dich davon zu überzeugen, mich das tun zu lassen.

Siehst du, du denkst ständig! Ich habe dich gewarnt!

Ich lasse mich von dir weder erpressen noch einer Gehirnwäsche unterziehen!

Aber du wurdest doch schon längst einer Gehirnwäsche unterzogen, das versuche ich dir doch die ganze Zeit zu erklären! Wir wurden zu Jasagern und Mitläufern erzogen. Und wir werden zur Vieldenkerei erzogen. Schon sechs jährige Kinder werden in der Schule an Stühle gefesselt und mit Gedanken vollgestopft, so lange, bis sie nicht mehr wissen, wo oben und wo unten ist.
Ein weiser Indianerhäuptling sagte einmal, dass niemand höher klettern könne, als der Stamm hoch sei. Anders ausgedrückt: Wenn das Fass voll ist, geht nichts mehr rein, sondern es geht über. Aber trotzdem sollen wir weiter sitzen und schlucken, damit auch noch die letzten Reste von Unbeschwertheit aus dem Bodensatz herausgespült werden und sich ja nichts wieder von oben hineinschmuggeln kann. Und irgendwann ist es vollbracht: Dann wurde der natürliche Glaube an das Leben um des Lebens willen gebrochen. Dann hat uns die vernünftige Erwachsenheit gelehrt, was der Sinn des Lebens ist. Gute Nacht.

Da nennt wohl ein Langohr die anderen Esel!
Deinen Sinn willst *du* mir doch gerade auf die Nase binden!

Nein, ich möchte weder Gedanken noch Überzeugungen in dich hineinstopfen. Ich möchte dich mitreißen, anstecken, Sauerstoff in die Asche blasen, damit unsere

Glut auch auf deiner Seite ein Feuerchen entfacht, dem kein Windstoß mehr etwas anhaben kann – denn nur gemeinsam brennen wir stark genug!

Red mir nicht von Feuer und brennen! Bei dir war schon Feuer genug am Dach! Wenn ich nicht immer wieder Feuerwehrmann gespielt hätte, wären wir schon längst zu einem Häufchen Asche verbrannt und in alle Winde verstreut. Und immer noch spielst du leichtsinnig mit dem Feuer, was das Feuerzeug hält, weil dir das Feuerchen so gefällt; und am eigenen Leib ist's umso näher und schöner zu betrachten, nicht wahr? Du scheinst tatsächlich unter einer ganz besonderen Form von Pyromanie zu leiden. Ich weiß nicht, ob diese Variante den Pathologen schon bekannt ist. Du solltest dich der Wissenschaft zur Verfügung stellen.

Wenn ich einen Dachschaden habe, ok. Dann hast du aber einen Gefühlsschaden abgekriegt! Eben den, wovon ich gerade spreche! Du hast dir offenbar in unserer Schulzeit nicht nur das bloße Herumsitzen, sondern auch die Gedankenschwere so angewöhnt, dass du gar nicht mehr natürlich empfinden kannst.
Aber es ist nicht deine Schuld. Sag mir eines: Gab es in unserer Schulzeit ein einziges Lehrfach, das sich irgendwie mit „Emotionsbildung" beschäftigt hat? Oder nur eine einzige Unterrichtsstunde, in der man uns beigebracht hätte, wie man mit Gefühlen umgeht, sie auch nur deutet und versteht?

Nicht, dass ich wüsste. Aber das hätte bei dir auch nicht

dazu beigetragen, dass du deine Gefühlswelt unter Kontrolle bringst.

Vielleicht doch? Und deiner Gefühlswelt hätte es wahrscheinlich auch gut getan.
Hat man uns einmal erklärt, was Intuition ist, wie man die eigene innere Wahrheit zu erspüren vermag? Wir sind so stolz auf unseren Geist, ohne Zweifel, und wir bemitleiden jene, die kein Wissen haben, wir selbst aber werden durch das Studieren immer dümmer und bemitleidenswerter.

Nur gut, dass du dir selbst immer die Antworten gibst. Dann sei aber auch nicht so stolz darauf, was du aus all deinen tollen Büchern gelernt hast. Sieh dir doch mal an, was das ganze esoterische Luftschloss-Wissen aus dir gemacht hat!

Ich kann mich nur wiederholen: Einen bewussteren Menschen hat es aus mir gemacht. Verzeihung, ich meinte, eine bewusstere Seite. Überlege doch mal, Ernst: Welche Werte geben wir unseren Kindern mit? Strebsamkeit, Leistung, Eigenwohl, Egoismus und Gewinnmaximierung. Wo bleibt da das Mitgefühl, das Verständnis, die Toleranz, das Gemeinschaftsdenken? Da wundert mich nicht, dass es so viele Ernste gibt und das Leben für viele Menschen keinen Sinn mehr macht. In Machtsystemen wie dem unseren ist es sogar wichtig, schon Kinder zu überfordern, um sie auf die harte Welt da draußen vorzubereiten. Überforderung gehört sozusagen zum Lehrstoff. Schließlich müssen sich unsere Kinder ja später auch in der Berufswelt etablieren. Dort gehört psychologischer Druck ohnehin zu den Grundtugenden. Was sollte auch sonst aus uns werden? Wovon sollten wir leben, wenn wir in einer entspannten und liebevollen Welt aufwüchsen? Genau deshalb müssen wir unsere Kinder dressieren, abhärten, anpassen, genauso hat man es mit uns gemacht, damit wir williges Arbeitsvieh werden. Bei den meisten Menschen geht die Rechnung irgendwie auf, bei anderen nicht – sie bleiben Sand im Getriebe oder koppeln sich irgendwann komplett ab. Warum wohl, glaubst du, sitzt du auf dieser Bank, Ernst?

Weil ich ein Loser bin? Willst du mir das sagen?

Nein! Weil es vollkommen egal war, wer du warst, was du gefühlt hast, welche Fähigkeiten in dir schlummerten, wovor du Angst hattest oder was dich in deinem Innersten bewegte. Keiner hat dich danach gefragt. Also wirst du dir irgendwann gedacht haben: Ihr könnt mich alle mal! Richtig?

Kommt mir irgendwie bekannt vor.

Sag ich doch! Warum hätte man uns auch nach unseren Gefühlen fragen sollen? Kinder sind ein wichtiger Wirtschaftsfaktor. Sie sollen jenes moderne Glaubensbekenntnis „Zeit ist Geld" so schnell wie möglich verinnerlichen, denn die Uhr tickt. Hast du alles schon durchdacht, geplant, organisiert und strukturiert? Hast du heute schon deine Aufgaben gemacht? Jetzt noch eine halbe Stunde spielen, dann geht's zum Förderkurs, ach nein, heute ist Montag, da ist Trainingsstunde. Und du? Warst du heute schon einkaufen, auf der Bank, beim Postamt und beim Steuerberater? Warst du schon joggen und hast du schon was gegessen oder es in der Eile des Gefechts vergessen? Keine Zeit zum Innehalten, Durchatmen. Kein Spielraum für Seele und Bewusstsein. Wenn jemand Zeit für sowas hat, ist er entweder steinreich, bettelarm oder hat einen der wenigen Jobs, wo er sich Zeit für sich noch leisten kann.

Abends gibt's dann noch die nötige Dosis Alkohol, TV oder andere Schlaf- und Suchtmittel, um sich wenigstens einen kleinen Spielraum, eine Zeit der Entspannung, eine kurze Verschnaufpause vom reißenden Strom der Gedanken zu verschaffen. Man scheint tatsächlich zu glauben, man könne die Geheimnisse des Lebens mit reiner Gedankenbildung entschlüsseln. Aber die Antworten auf die größten Fragen der Menschheit liegen wohl nicht nur im Hirn, andernfalls hätten wir schon viel mehr Antworten gefunden. Oder glaubst du wirklich, die Menschen haben nur noch zu wenig ernsthaft nachgedacht, Ernst?

Nein, nein, lass gut sein. Ich möchte mir die Schweinerei nicht ansehen müssen, wenn all die Köpfe platzen! Du solltest dir aber auch langsam Sorgen um *deine* Existenz machen: Wenn nämlich mein Schädel platzt, ist deiner auch hinüber.

Ohh, jetzt hast du es endlich gerafft, dass wir zusammen gehören! Und am Leben hängen tust du auch! Yeah! Vielleicht wird's doch noch was mit uns beiden!

Klink dich wieder ein, ja? Jetzt hast du mir noch immer nicht gesagt, was du für den Sinn des Lebens hältst. Welcher es nicht ist, hast du ja jetzt lang und breit erklärt. Und da kann ich dir auch rechtgeben. Aber was schwebt dir sonst so vor? Du hast die Katze noch immer nicht aus dem Sack gelassen!

Ok, dann höre meinen Vorschlag, kurz und bündig: *Der Sinn des Lebens ist das Leben selbst.*

Na geh! So billig! Hätt ich mir ja denken können!

Jeder Augenblick ist eine Chance, sich weiterzuentwickeln oder es einfach zu genießen, eine Jacht zu kaufen oder sich zu besaufen. So sieht es aus. Lernst du viel, kannst du viel vergessen. Besitzt du viel, hast du viel zu verlieren. Hast du nur das nackte Leben, bist du in der Bilanz schon auf der Plusseite, denn das Leben ist selbst schon ein Plus.

Schluss! Auch Gedanken-Leichtigkeit hat ihre Grenzen! Willst du jetzt wohl ernsthaft auf meine Frage eingehen? Sonst breche ich das Gespräch ab!

In Ordnung, entschuldige. Also jetzt mit großer Ernsthaftigkeit: Das Leben hat genau den Sinn den wir ihm geben!

Welch überragende Erkenntnis, du Genie! Der ganze Lebenssinn in einem einzigen Satz? Genial!

Wenn dir das zu schnell geht, können wir ruhig etwas

mehr in die Tiefe gehen, ok?
Man könnte die Frage auch anders stellen, nämlich: Was hat das Leben für einen Wert?

O ja, bitte belehre mich! Um Gottes Willen, sprich! Was hat mein Leben denn für einen Sinn, wenn ich nicht die Antwort auf genau diese Frage kenne! Ich lebe und sterbe dafür!

Mach dir nur keinen Kopf, du hast ja mich. Also hör mir zu: Wir können dem Leben einen Wert zugestehen. Wir brauchen es nur als das anzuerkennen, was es ist: eine Chance und ein Geschenk!
Das Leben scheint heute für viele etwas Selbstverständliches zu sein. Sie öffnen morgens ganz selbstverständlich ihre Augen, mittags vertilgen sie ganz selbstverständlich ihr Schnitzel, abends genießen sie ganz selbstverständlich ihren Feierabend und nach überstandenem Fernsehabend legen sie sich ganz selbstverständlich wieder ins Bett – leider schlecht gelaunt, weil sie am nächsten Morgen wieder aufstehen müssen. Und wissen gar nicht, wozu eigentlich.
Erst wenn das Leben in Gefahr ist, klammert sich der Mensch daran und weiß um seinen Wert.
Nehmen wir einmal an, im Stadtpark würde neben dir gleich ein Asteroid einschlagen oder du hättest eine Bombe unter deinem Arsch. Weißt du, wie schnell du dann aufstehen würdest? Dann wären plötzlich all deine Unlust und deine Sinnleere wie fortgeblasen, stimmt's?

Logisch, da geht's ums nackte Überleben! Und am

liebsten wärest du dieser Bombenleger, habe ich Recht?

Nein. Mittlerweile glaube ich an eine friedliche Lösung.

Hab ich eine Chance, deiner Lösung zu entkommen?

Nein! Wir hängen umständehalber sehr aneinander.

Leider nur allzu wahr!

Stell dir einmal vor, Ernst, im Universum würde Zeit als wertvollstes Gut gehandelt. Wer weiß, vielleicht raufen sich die Seelen im Jenseits um Lebenszeit und müssen unter Umständen sehr lange darauf warten, geboren zu werden? Vielleicht hat das Leben noch einen viel größeren Wert, als wir uns vorstellen können? In unserem körperlichen Dasein kann man die reale Zeit nämlich weder stehlen noch gewinnen noch verschenken. Man kann sie nicht finden, nicht anbinden, man kann sie nicht kaufen und nicht um sie raufen. Aber man kann, jede Stunde, jede Minute und jede Sekunde wertschätzen. Wer das versteht, kennt den Sinn des Lebens, davon bin ich überzeugt.

Genau! Das ist das Wichtigste, dass *du* davon überzeugt bist!

Bist du denn gar nicht zu überzeugen?

Nein. Mir würde das ohnehin nichts bringen!

Ja doch! Überlege einfach: Macht es denn keinen Sinn,

jene Dinge beiseitezuschaffen, die uns die Freude am Leben rauben?

Nach deiner Logik, ja. Aber da wäre dann natürlich wieder ich dran!

Nein Ernst, das ist vorbei. Vertrau mir.
Vielleicht ist es sogar sinnvoll, den letzten Sinn des Ganzen nicht zu erkennen, damit wir uns mehr dem Sein, dem Hier und Jetzt zuwenden?

Genau! Das ist endlich einmal ein Wort! Ich wende mich jetzt dem Hier und Jetzt zu. Und im Hier und Jetzt ist meine Geduld mit dir am Ende! Ich mag nicht mehr! Wenn ich dir zuhöre, finde ich es tatsächlich sinnvoll, nicht so sinnlos über den Sinn des Lebens nachzudenken, wenn man dabei eh wie du nur zu dem Schluss kommt, dass es prinzipiell sinnlos ist, einen Sinn zu suchen – ob es nun der erste oder der letzte ist. Mensch, merkst du denn nicht, dass dein linkes Bein über dein rechtes stolpert und du dich mit deiner Gedankenakrobatik selbst zu Fall bringst? Was für ein grandioser Denker du doch bist! Weißt du was? Du bist einfach nur verrückt. Nicht mehr normal.

Ja natürlich. Ich bestehe darauf. Schon Aristoteles sagte: „Es gibt kein großes Genie ohne einen Schuss Verrücktheit!"

Das gleicht dir wieder einmal, dich als Genie zu bezeichnen! Du bist ja größenwahnsinnig auch noch! Das ist ja alles noch viel schlimmer als ich dachte! Mit wem in Gottes Namen muss ich mir nur diesen Körper teilen!

Jetzt versink nur nicht in Selbstmitleid. Ich kann auch George Bernhard Shaw zitieren, der sagte: „Was wir brauchen, sind ein paar verrückte Leute; seht euch an, wohin uns die Normalen gebracht haben."

Jetzt hör sofort auf mit deinen Zitaten! Das auch noch! Du treibst mich noch in den Wahnsinn!

Das kenne ich, Ernst! Das geschieht, wenn feste Glaubensstrukturen zu bröckeln beginnen und man nicht mehr weiß, woran man sich festhalten kann. Noch schlimmer ergeht es einem, wenn man gar keinen Glauben hat wie du. Du tust mir richtig leid.

So, jetzt reicht's endgültig! Alles, was recht ist! Ich breche das Gespräch jetzt ab! Du wirst mich nie ernst nehmen!

Nicht doch, wir hatten eine Abmachung!!!

....

Ernst!

....

Ernst!

....

Verdammt noch mal, Ernst, du Feigling!!!

Kapitel 5
Ernst aus dem Hinterhalt

Ich rief nach ihm, ich entschuldigte mich bei ihm, ich ließ ihm Zeit, ich rief ihn wieder und wieder, aber Ernst schwieg. Mir war nicht bewusst gewesen, dass ich dermaßen zu weit gegangen war. Jetzt war es passiert. Ernst war tatsächlich fort.
Dem hatte ich wohl zu viel zugemutet, der Mimose! Dabei hatte ich es doch gut mit ihm gemeint. Und wenn ihm das Gespräch mit mir auch nichts an Erkenntnis eingebracht haben sollte, so hatte ich wenigstens gedacht, dass er mein Interesse an ihm spüren konnte. Außerdem hatte er ja seinen sarkastischen Humor an mir ausleben können, wenigstens *das* hätte ihm doch ein wenig Spaß bereiten können. Aber nein, Ernst war ein sturer Bock und eine beleidigte Leberwurst.
So. Er hatte also tatsächlich die Leitung gekappt. Einfach den Stecker aus der Steckdose gezogen. Vielleicht aber war das gar nicht so schlecht? Vielleicht sollte es sogar so sein? Vielleicht sollte das Ganze ohnehin nicht zu einem Friedensfest, sondern zur letzten Schlacht führen. Schließlich hatte ich mich ja zum ersten Mal so direkt mit ihm auseinandergesetzt. Vielleicht hatte ich diesen direkten Kontakt zu Ernst nur gebraucht, um mir klar zu werden, dass ich ihn nicht mehr brauchte? Vielleicht gab er sich jetzt geschlagen und ich hatte endlich Ruhe vor dem Kerl? Eine echte, neue Chance,

endlich frei und unbeschwert…

Leider hielt die aufkeimende Hoffnung nicht lange an, denn bald schon spürte ich es tief in mir rumoren. War er gar nicht erledigt, sondern rüstete womöglich gerade gegen mich auf, ohne dass ich etwas dagegen tun konnte? Ernst aus dem Hinterhalt … verdammt, das konnte gefährlich werden! Vielleicht grub er jetzt sogar erst richtig das Kriegsbeil aus!

Nun, eines war leider nicht zu übersehen: Meine Leichtigkeit und Unbeschwertheit, Sicherheit und Zuversicht, alle meine positiven Überzeugungen begannen zu schmelzen... Schon der Abend verlief trübselig und morgens kam ich nur schwer aus dem Bett; auch den darauffolgenden Tag fühlte ich mich leer und kaputt; ich fühlte mich wie eine volle Badewanne, der jemand den Stöpsel herausgezogen hatte. Und das meiste Wasser war schon abgeflossen.

Das war eindeutig ER! Er ließ mich seine Überlegenheit spüren und spritzte sein Gift wieder so tief in mich hinein, dass ich das üble Gefühl hatte, in einen Sog zu geraten, der mich immer weiter nach unten zog. Alles, woran ich bis jetzt geglaubt hatte, strömte unaufhaltsam durch das Abflussrohr dahin. Gleichzeitig füllte sich die Wanne über den Zulauf mit der alten Kloake: die alten Fragen, die alten Zweifel, die alten Ängste.

Die Tage verstrichen und es war kein Ernst in Greifweite. Er wollte mich offenbar gezielt in eine tiefe Lebenskrise stürzen! Und es schien ihm sogar zu gelingen. Schmerzlich erinnerte ich mich an all die Momente in meinem Leben, in denen ich geglaubt hatte, gescheitert zu sein und aus dem dunklen Tunnel nicht mehr herauszufinden. Und immer hatte er dahinter gesteckt. Und dabei wollte ich diesmal doch genau das Gegenteil erreichen!

Ich musste dringend etwas unternehmen. Ich musste Klarheit in meine Gedanken bringen, unbedingt! Ich musste mich fokussieren. Und so rief ich ihn. Wieder und immer wieder. Ich bettelte förmlich, ich flehte ihn an, wieder Kontakt mit mir aufzunehmen. Aber nichts, nicht einmal ein kurzes Aufstoßen, gar nichts.

Plötzlich schoss es mir durch den Kopf: Ich hatte das ganze Gespräch mit Ernst ja aufgezeichnet! Bei der Aufregung hatte ich das total vergessen. Wo war das verdammte Ding?

Begierig hörte ich mir alles an. Von vorne bis hinten. Und noch einmal von vorne.

Was ich da hörte, konnte ich nur schwer begreifen: Ich erging mich in widersinnigen Selbstgesprächen und aberwitzigen Dialogen. Und immer war nur eine Stimme zu hören: meine! Ich hörte, wie wir Lachtheorien entwarfen, uns darüber stritten, ob der Mensch von Grund auf gut oder schlecht ist, wir sinnierten meisterlich über den Sinn des Lebens und verkündeten unumstößliche Wahrheiten – natürlich komplett konträrer Meinung – und warfen uns Intelligenzdefizite, verstopfte Wahrnehmungsfilter und falsch verlegte Abflussrohre um die Ohren. Je länger ich „uns" zuhörte, desto mehr packte mich der Zweifel, ob die ganze Geschichte nicht doch bloß Einbildung war. Das hörte sich alles verdammt schizophren an! Hatte ich vielleicht doch einen saumäßigen Psycho-Dachschaden?

„Wer bin ich und wenn ja, wie viele?" traf meine Befürchtung ziemlich genau.

Unsinn! Es konnte doch auch sein, dass ich mich gerade

auf eine – zugegeben ungewöhnliche – aber faszinierende und vielleicht funktionierende Weise meiner inneren Zerrissenheit stellte!

Ich beschloss, mich für die zweite Variante zu entscheiden: Entweder des Wahnsinns fette Beute oder Aufbruch zu einem neuen Leben! Es konnte *die* Chance sein! Ich war plötzlich wieder wild entschlossen, sie wahrzunehmen. Und schon war meine Moral wieder unaufhaltsam auf dem Weg nach oben.
Langsam konnte ich nachvollziehen, wie Ernst sich von mir in die Enge getrieben fühlte und warum er nicht mehr mit mir reden wollte. Irgendwie konnte ich den Gedanken jetzt zulassen, dass er vielleicht doch mit einigem recht gehabt hatte. Vielleicht ließ Ernst auf dieser Basis doch noch einmal mit sich reden? Ich musste ihn nur zurückholen. Aber wie?
Verzweifelt versuchte ich erneut von ihm zu träumen, ihm wieder in diesem Stadtpark zu begegnen, um ihm zu sagen, wie leid mir alles tat. Aber er ließ auf sich warten. Und dann saß ich wieder auf meiner Couch und bettelte: Bitte lass uns Frieden schließen! Bitte lass uns wieder miteinander reden! Mea culpa. Wenn es so ist, Ernst, dass du mir deine Bedeutsamkeit beweisen wolltest: Ok, du hast es geschafft! Aber ich denke, das hätte es gar nicht gebraucht: Ich habe deine Macht über mich immer gespürt, die habe ich nie bezweifelt. Nicht umsonst habe ich dich so viele Jahre ins Abseits zu drängen versucht. Komm, lass uns beide unsere destruktive Energie in eine positive umwandeln! Lass uns gemeinsam stark und optimistisch sein! Hast du denn

nicht auch gespürt, wie lebendig wir beide geworden sind, als wir uns miteinander unterhalten haben? Kannst du das wirklich leugnen, Ernst? Ich jedenfalls hatte meine Freude an dir, ich hab dich nicht mehr so traurig auf deiner Bank sitzen sehen. Im Gegenteil, du hast Kraft und Temperament gezeigt. Komm, lass es uns noch einmal versuchen! Ich verspreche dir hoch und heilig, dass ich in Zukunft besser aufpassen will, was ich zu dir sage und wie ich es sage. Schau, ich halte inzwischen große Stücke auf dich und möchte es dir jetzt beweisen. Bitte komm zurück, Ernst, ich brauche dich!

Nun, zwar redete Ernst noch immer nicht mit mir, aber sein destruktiver Einfluss ließ spürbar nach und das war für mich ein Zeichen, dass meine Bitten doch nicht ganz umsonst waren. Er schien sich die Sache zumindest zu überlegen. Und daraus schöpfte ich neue Hoffnung und mir wurde zunehmend leichter ums Herz.
Und dann dauerte es nicht mehr lange und Ernst meldete sich endlich zurück:

Hallooo, großer, weiser Mann!

Mensch Ernst?? Bist du das??

Ja natürlich bin ich es, Doofkopf, oder hast du sonst noch irgendwelche Seiten, von denen ich nichts weiß?

Ha, ha, nein, nicht dass ich wüsste! Mensch Ernst, du glaubst nicht, wie ich mich freue, dich zu hören! Du hast mir so gefehlt, bitte tu das nie wieder!

Ich habe etwas Abstand gebraucht. Ich bin nicht deine Mama, die das plärrende Bubi tröstend an die Hand nimmt und durchs Leben führt. Und doch habe ich über dich nachdenken müssen und da hast du mir doch irgendwie leidgetan. Aber das ist gar nicht der vorrangige Grund für meine Rückkehr. Irgendwie habe ich inzwischen auch das Gefühl, dass es vielleicht doch was bringen könnte, wenn wir uns gegenüberstehen. Vielleicht kann ich dich ja doch noch zur Vernunft bringen, das könnte durchaus eine Entlastung für mich sein. Wenn du nebenbei auch etwas davon hast, umso besser, warum nicht? Da will ich mal nicht so sein.

Was für ein feiner Kerl du doch bist! Dann vergessen wir also die ganze Geschichte und fangen noch einmal ganz von vorne an?

Neiiin! Nicht von vorne bitte! Wir machen einfach weiter. Nur besser. Einverstanden?

Danke Ernst, du bist echt loyal!

Schon gut. Und ich weiß auch schon ein Thema, über das wir reden könnten.

Das glaub ich jetzt nicht! Du willst mit mir über ein Thema sprechen? Das ist ja fast zu schön um wahr zu sein! Ja, ja, ja, schieß los, ich bin gespannt wie ein Fiedelbogen.

Kapitel 6
Wahrer Erfolg

Krieg dich wieder ein! Denn dieses Mal will ich zur Abwechslung nicht von Gefühlen reden, sondern davon, wie wir, oder besser du, im realen Leben endlich deinen Mann stehen kannst. Reden wir über etwas Handfestes!

Einverstanden. Und was genau schwebt dir da vor?

Da denke ich vor allem an unsere ökonomische Situation. Du hast zwar große Weisheiten aus deinen Büchern gefressen, aber herauszufinden, wie man beruflichen und finanziellen Erfolg im Leben hat, bist du ein Analphabet. Darüber kannst du in deinen Sphären nichts lernen. Da musst du schon die Füße auf den Boden kriegen. Mein Problem ist nämlich, dass du als Erfolgsflüchtling auch mich zum Bettler machst! Oder kennst du aus deinen supergescheiten Büchern eine Geheimformel, um reich zu werden? Wir sind nämlich chronisch pleite, falls dir das entgangen sein sollte! Wenn wir so weitermachen, können wir bald beide auf der Parkbank übernachten, die du mir als meinen Lieblingsort ständig um die Lauscher schlägst.

Gut, dass du das Thema ansprichst, denn ich hätte tatsächlich ein paar Tricks auf Lager, wie man rasch an Geld kommen kann. Soll ich sie dir verraten? Du wirst

Augen und Ohren machen!

Aber unbedingt, schon nur wegen des Unterhaltungswertes deiner Ideen. Mehr erwarte ich mir jetzt gar nicht, nur dass du's weißt. Aber auch über dich lachen zu können hat, wie ich gemerkt habe, schon was für sich. Dazu hatte ich vorher noch nie Grund.

Schon klar. Dein Wunsch ist mir Befehl. Also. Die schnellste aller Möglichkeiten, an viel Geld zu kommen, ist: Du holst dir den Zaster direkt von der Quelle: der Bank. Zieh dir eine elastische Socke über den Kopf, bewaffne dich mit einer schwarz bemalten Banane, marschiere in ein Geldinstitut und brülle laut: Geld oder Leben! Natürlich birgt diese Form der Geldbeschaffung ein gewisses Risiko, erwischt zu werden und hinter Gittern zu landen. Deshalb gleich zu Alternative zwei: Heirate reich! Angle dir eine hübsche Millionärstochter und tu alles, dass sie sich in dich verliebt. Ob du dann letzten Endes glücklich sein wirst, steht in den Sternen, doch deine finanziellen Probleme sind gelöst. Ganz kindliche Gemüter könnten auch die gute Fee befragen oder sich auf die Suche nach der goldenen Gans, dem Geldesel oder einem goldenen Ei machen. Aber ich denke, das ist nichts für uns zwei. Auch, dass du dir einen schönen Geldbaum neben deine Parkbank pflanzt und darauf wartest, dass er Früchte trägt, ist keine wirklich praktikable Lösung. Da gebe ich dir von vornherein recht.

Aber wie wäre es mit der Bauernfänger-Methode? Versprich doch den Leuten gegen ihre schnöden Silberlinge das Paradies. Oder verwandle dich in einen

Guru: Lass dir die Haare wachsen, bis sie dich am Hintern kitzeln, färb dir deinen Bart weiß, setz dich im Schneidersitz auf eine Matte – oder ein Nagelbrett, als Variante für Leute mit masochistischen Neigungen wie dich ... hei, Spaß! – und erzähl ihnen was Existentielles aus ihrem vorigen Leben. Ob sie davon wissen oder nicht, spielt keine Rolle, denn wenn du gut bist, kannst du ihnen so ziemlich alles auf die Nase binden. Du musst bloß etwas erfinderisch sein. Ein kleiner Tipp: Der Römer kommt immer gut, aber auch ein Leben in Atlantis oder im alten Ägypten hat große Erfolgschancen. Dann lass dich für deine überirdischen Künste überirdisch gut bezahlen, denn ein billiger Guru war noch nie ein guter Guru. Außerdem: Auch ein Alleswisser muss reich werden dürfen, nicht nur sein Klient, versteht sich. Die Königsstrategie bestünde freilich darin, die Heilsuchenden ganz zum seligen Loslassen des gesamten materiellen Besitzes zu bringen – der sich auf direktem Weg in Richtung deines Bankkontos bewegt und sich dort unwiderruflich festsetzt und vermehrt. Aber dazu sind nur besonders Begnadete fähig. Nichts für uns.

Eine weitere Möglichkeit, langfristig an viel Geld zu kommen, ist: Geh in die Politik! Rede dich in das Hirn und das Herz der Leute, bis sie dich an die geeigneten Schlüsselpositionen wählen und dann zocke sie auf möglichst undurchschaubare, aber legale Weise ab. Lass sie bluten, die Rekruten. Irgendwann ist der Spaß zwar immer vorbei, aber in der Zwischenzeit ist dein finanzielles Polster so dick geworden, dass du bis ans Ende deines Lebens nur mehr gemütlich darauf herumlümmeln kannst.

War's das jetzt?

Nein. Es gibt auch noch andere Möglichkeiten, die Blödheit der Leute auszunutzen, indem du ihnen gibst, was sie wollen. Menschen wollen und brauchen ja so viel… Was Menschen immer besonders wollen, ist Gesundheit, Ruhe und Entspannung. Damit lässt sich wunderbar Geschäfte machen. Von Spezialdiäten über Wunderpillen bis hin zu den verschiedensten Entspannungs- und Wellnessangeboten, die mit falschen Versprechungen weniger das Leben als die Geldtasche erleichtern. Und wenn die Aussichtslosigkeit auch dieser Investitionen augenscheinlich wird, dann brauchen sie Drogen, viele Drogen. Und das Beste daran: Irgendwann brauchen sie dann auch noch was, um von den Drogen loszukommen! Am besten neue Suchtangebote, denn dann kann das ewig so weitergehen.

Oder gründe einen Pharmakonzern, stecke die Leute mit einem üblen Grippevirus an – gegen den du natürlich immun bist – und verkaufe ihnen teure Medikamente.

Hm ... was brauchen die Leute noch? Ich hab's! Sie brauchen Action, Abenteuer, Ungeheuer, vom echten, ultimativen Erlebniskick bis zum Kassenschlager aus der Traumfabrik, ganz egal. Vor allem brauchen sie die Lügen, denn die sind sie gewohnt! Zeig ihnen also den heiligen Gral oder einen Skandal, ganz egal. Solange die Verpackung stimmt, wirst du damit Erfolg haben.

Wie du siehst, gibt es unglaublich viele Wege, über die man Reichtum erlangen kann. Genauso viele gibt es aber leider auch, arm zu werden und auf der Straße oder einer Parkbank zu landen.

Wenn das wieder eine Anspielung auf mich sein soll, dann will ich die mal geflissentlich überhört haben, denn deine Vorschläge haben mich zur Abwechslung mal wirklich amüsiert. Ich bin überrascht, dass es dir doch gelingt, den „homo economicus" so realistisch zu beschreiben. Von all den Vorschlägen gefällt mir übrigens der mit der Millionärstochter am besten. Ein bisschen hübsch sollte sie aber schon sein. So eine könntest du uns angeln.

Wieso ich? Steh du doch auf und mach dich auf die Suche!

Du bist der Hübschere von uns beiden!

Haha, sehr witzig! Du bist wirklich gar nicht mehr so ernst, wie du einmal warst. Hast du etwa in der Zwischenzeit Fortschritte gemacht?

I wo! Solange du die Arbeit hast und ich das Vergnügen...

Ach so ist das! Blöd bist du ja nicht. Trotzdem darf ich dich eigentlich gar nicht mehr Ernst nennen, dafür bist du mittlerweile viel zu entspannt. Was hältst du davon, wenn ich dich ab jetzt Ernesto nenne? Nur so zur Abwechslung?

Hör doch auf, ich bin doch kein italienischer Schuljunge! Warum musst du mir nur immer solche Namen geben? Wie heißt *du* überhaupt? Till Eulenspiegel oder Rattenfänger von Hameln?

Also gut, Ernesto, ich glaube, das lassen wir lieber...

Hör mal: Irgendwann muss auch mal Schluss sein! Ich bin nicht zurückgekommen, um mir weiter dein sinnloses Geschwafel anzuhören. Du kehrst schleunigst aus deiner Fantasiewelt zurück! Du musst was realisieren! Ich habe keine Lust, wegen dir als Bettler zu stranden und endgültig im Elend zu landen! Hörst du? Dazu bin ich nicht zurückgekommen.

Wie!? Du bist frustriert, weil du dir nichts leisten kannst, dabei sitzt du immer nur auf deiner Bank und rührst keinen Finger. Mag sein, dass bei mir alles nur Theorie ist, aber du trägst ja auch nichts Konkretes dazu bei, unser Bankkonto aufzupäppeln.

Was erwartest du denn von mir? Womit würde ich bei dir schon ankommen?

Endlich aufstehen, Ernst! Hop Hop!

Und der Erfolg kommt dann von alleine, was?

Nein, natürlich nicht. Aber es wäre zumindest ein Anfang. Oder wartest du auf den Geldregen? Dann bist *du* aber jetzt der Träumer, nicht ich!

O nein! Ich würde ja was tun, aber deine Vorstellungen von Arbeit sind ein Schmarrn. Wie schon gesagt, du ziehst nur laue Luft an, die weder unserem Bankkonto noch einem anderen Erfolg dient.

Geht's jetzt schon wieder los? Ist es möglich, dass wir

immer streiten müssen?

Aber wir streiten doch gar nicht. Wir werfen uns doch bloß gemeine Dinge an den Kopf, ha, ha…
Du hast bisher nach der perfekten Arbeit gesucht, die dir die absolute Befriedigung verschafft. Für alles andere warst du dir zu fein. Das muss aufhören, drück die Stopp-Taste, aus!

Na hör mal. Man ist doch nicht gleich ein verwöhnter Schnösel, wenn man bestimmte Ansprüche an die Arbeit stellt. Schließlich verbringt man das halbe Leben damit. Kann man tatsächlich von einem Menschen verlangen, dass er sich zum Sklaven im Dienst fremder Interessen macht und die freie Zeit nur dazu nutzt, die Batterie aufzuladen, damit er danach noch kräftiger in die Pedale treten kann? Zwischen Arbeiten und Sterben muss doch noch etwas übrig bleiben, was Spaß macht!

Du willst also viel freie Zeit und kein Sklave sein. Aha. Du willst Spaß haben und gleichzeitig noch viel verdienen. Aha. Ja geht's noch? So wird das doch nie was!

Moment einmal. Ich habe gar nichts gegen Arbeit, aber sie muss für mich auch irgendeinen Sinn ergeben.

Der einzige Sinn der Arbeit liegt doch auf der Hand: Geld verdienen!

Das ist kein Sinn, sondern Unsinn. Geld verdienen ist nur das vordergründige, pragmatische Ziel, das kann man doch nicht wirklich Sinn nennen! Du suchst gar nicht nach einem wirklichen Sinn und willst uns ans kapitalistische Messer liefern! Du Verräter du!

Weißt du, es gab mal eine Zeit, wo ich noch an deine Träume geglaubt habe. Mittlerweile hast du aber tausendfach bewiesen, dass sie immer nur Träume bleiben, Seifenblasen, wohlriechende Furze aus unverdauten Theorien. Und jedes Mal redest du dir ein, dass es diesmal klappen wird.

Es klappt doch auch vieles! Erfolg muss doch nicht zwangsläufig an materielle Güter gebunden sein. Ist man nicht auch erfolgreich, wenn man gute Freunde, eine Familie, nette Eltern oder einfach nur Freude am Leben hat oder wenn man den Fokus auf subjektive Fortschritte, wie über seinen eigenen Schatten zu springen, legt? Sind wir beide denn nicht jetzt gerade, in diesem Augenblick, wo wir uns so nahe sind, unglaublich erfolgreich? Irgendwie bestimmt doch jeder selbst, was Erfolg für ihn bedeutet.

Erstens kannst du das nicht alleine bestimmen, denn ich bin auch noch da! Und zweitens ist unsere Gesellschaft nun mal so strukturiert, dass man Geld braucht, um sorgenfrei leben zu können. Nimm das endlich zur Kenntnis. Keiner, der nicht genug Geld hat, kann ein glückliches Leben leben, außer vielleicht, er lebt als Eremit irgendwo auf einer einsamen Insel, schläft auf Palmenblättern und ernährt sich von Insekten.

Danke. Aber da muss ich dir ausnahmsweise einmal rechtgeben. Der Mensch lebt zwar nicht von Brot allein, aber ohne eben gar nicht. Die Tatsache, dass ich chronisch pleite bin, trübt auch meine Lebensfreude ein wenig. Glaub mir, ich würde mir auch wünschen, du müsstest mich nicht ständig daran erinnern, dass wir gerade hart an der Insolvenz vorbeischrammen.

Beruhigend. Endlich dämmert dir, dass dir trotz deiner Euphorie über deinen immensen „Erfolg" in der emotionalen und geistigen Welt etwas fehlt, was man eine solide Lebensgrundlage nennt. Und dazu gehören nun mal wesentlich die Finanzen. Sag ich ja dauernd.

Dem kann ich beim besten Willen nicht widersprechen. Ich bin auch dazu bereit, reich zu werden und etwas dafür zu tun, das Versprechen habe ich dir vorhin schon gegeben und ich stehe nach wie vor dazu, darauf kannst du dich verlassen.

Na gut, dann will ich dir mal etwas Vertrauensvorschuss geben. Aber lass dir jetzt was einfallen.

Danke, sehr gnädig. Ich versichere dir hoch und heilig, dass ich nicht arbeitsscheu bin. Mein Motto ist nicht: „Arbeit macht das Leben schwer und Faulheit stärkt die Glieder." Oder „Arbeit kann einem den ganzen Tag versauen", glaub mir. Mir geht es nur darum, die Freude am Leben mit befriedigender Tätigkeit zu verbinden; Arbeit muss mir ermöglichen, mich selbst zu entfalten, darf nicht darauf ausgerichtet sein, mich selbst und andere zu vergewaltigen.

Nein, vergewaltigen solltest du dich wahrlich nicht, denn da wäre ich auch mit betroffen.

Eben. Wir müssen notgedrungen auch bei der Arbeit im Gleichschritt gehen. Dazu müssen wir aufeinander hören. Ich auf dich – und ich hoffe, du merkst, das tue ich gerade – du aber auch auf mich.
Für mich braucht es halt einfach mehr als bloß Geld, um glücklich zu sein. Und für dich im Grund auch, denn das gilt ja für jeden. Lass es mich dir einmal so erklären: Es braucht neben menschlicher Nähe und Liebe, Gesundheit, Sicherheit usw. auch etwas anderes, und das ist mir ganz wichtig: Man muss Freude an dem haben, was man tut! Sonst wird das Arbeiten wie alles andere zum sinnlosen Überlebenskampf. Wenn du keinen Sinn darin siehst, was du tust, dann bist du so gut wie tot. Und solange du das Leben als reine Kampfarena siehst, erlebst du es nicht nur trist und dunkel, sondern dir fehlt auch die Kraft, in *deinem* Sinn erfolgreich zu sein. Kannst du das nachvollziehen? Komm mir wenigstens ein kleines Stück entgegen, Ernst!

Nun, wenn dich die Freude an der Arbeit zu mehr Leistung motiviert, ergäbe das Ganze durchaus einen Sinn.

Eben, Ernst, und auch dir würde mehr Sinnhaftigkeit nur gut tun. In allen Bereichen.
Überlege einmal, ob uns meine Ideale nicht all die Jahre

glücklicher gemacht haben, als wenn wir beide voll auf der Leistungslinie gelebt hätten. In deinen Augen musste Erfolg zwangsläufig mit großem Ernst und bedingungsloser Anstrengung verbunden sein, aber ich verrate dir etwas – und du wirst mich wieder zur Lachnummer erklären: *Knochenarbeit schadet sogar dem Erfolg!*

Hahaha! Lange nicht mehr so gelacht. Aber mir ist eigentlich gar nicht zu lachen...

Jetzt lass mich mal ausreden: Sklavenarbeit schadet dem Erfolg, da sie zu nichts als Motivationsverlust und physischer und psychischer Erschöpfung führt. Je mehr wir uns aber der Mühelosigkeit verschreiben, desto mehr steigt unser Erfolgspotential.

Jetzt versteigst du dich wieder! Dein Ausflug in die Niederungen der schnöden Realität hat gerade einmal fünf Minuten gedauert! Genauso wie es das perfekte Glück nicht gibt, gibt es natürlich auch keine perfekte Arbeit! Sinnlos sie zu suchen, Mensch Gottes!

Perfektion verlange ich doch gar nicht, keine Angst. Aber ich kann dir auch nicht in die komplette Anspruchslosigkeit folgen. Durch deinen freudlosen Zugang verliert man ja direkt die Lust am Arbeiten. Man hat uns immer weismachen wollen, dass man es nur zu etwas bringen kann, wenn man sich mächtig anstrengt und sein ganzes Leben in den Dienst der Arbeit stellt, wobei Arbeit immer nur einseitig mit Broterwerb gleichgesetzt wurde. Das ist doch doppelt falsch! Die Arbeit, die ich meine, wird zu einer gefühlten Aufgabe, einer Tätigkeit im Einklang mit uns selbst, für die wir aus einem inneren Engagement heraus auch gerne tüchtig anpacken, weil wir in unserer Arbeit aufgehen, so voller Begeisterung und Hingabe für sie sind, dass wir uns dazu zwingen müssten, nicht zu arbeiten. Genau dieser Zugang bringt Erfüllung und Erfolg! Andernfalls gilt der Grundsatz: *Besser arm mit Charme als reich und bleich...* Hähä.

Fängst du schon wieder an? Wo ist denn bitte der Charme bei arm? Schau uns beide doch an!

Du hast Recht, das war wohl etwas zu locker vom Hocker. Ich finde nur, arm sein ist dann immer noch besser als sich sinnlos zu Tode zu schuften. Wie gesagt, ich kann unserem finanziellen Notstand auch nichts wirklich Positives abgewinnen. Wir haben uns beide viel zu lange der Untätigkeit verschrieben – in ganz verschiedener Form, aber, und jetzt pass auf: aus demselben Grund! Wir haben beide eine durchaus gesunde Abneigung dagegen, uns diesem lebens- und menschenfeindlichen System auszuliefern.
Im Grunde müssten wir beide nur herausfinden, was uns auf dem Arbeitsmarkt Freude macht und mit unseren Fähigkeiten und Bedürfnissen einigermaßen kompatibel sein könnte, damit wir in die Gänge kommen. Und es dürfte uns eben nicht nur ums Geldverdienen gehen, denn auch alle großen Erfinder und Pioniere haben mit Sicherheit nicht so hart gearbeitet, weil sie ans Reichwerden dachten; sie taten es aus Leidenschaft! Und alles, was die Zivilisation jemals vorangebracht hat,

ist auf diesem Nährboden gewachsen. Reichtum und finanzieller Erfolg sind nicht alles. Um wirklich erfolgreich zu sein, braucht es eine Vision, etwas, wofür unser Herz schlägt, dann ist man auch bereit, vollen Einsatz dafür zu leisten. Und wenn die Vision auch nur darin besteht, in Zukunft mit weniger, aber dafür gezieltem und lustvollen Einsatz mehr zu erreichen, kann ich nichts Schlechtes darin sehen; weshalb hätte man das Segel erfinden sollen, man hätte doch auch einfach weiter rudern können. Die Menschheit hat immer schon so getickt, sonst würden wir immer noch wie die Affen auf den Bäumen leben und Kokosnüsse bunkern wie manche Leute das Geld im Tresor. Sogar die Affen kennen andere Möglichkeiten, ihr Leben zu gestalten; du solltest etwas wohlwollender mit uns umgehen, Ernst. Warum sich das Leben unnötig schwer machen? Es gibt nur einen Grund, warum wir oft nicht tun, was uns wirklich erfüllt, und es ist immer der gleiche.

Nämlich?

Nun, Begeisterung ist nicht besonders gefragt in unserer Gesellschaft. Aber genau *die* wäre das Adrenalin für unseren Geist! Wir sind so verkorkst und verängstigt, dass wir unsere Möglichkeiten gar nicht mehr wahrnehmen. Und dann häufen wir in unserer Hilflosigkeit immer mehr Gründe an, warum etwas nicht funktionieren kann. Alle „ernsten" Leute meinen, das Leben sei eine einzige mühevolle Arbeit, nur weil sie verlernt haben zu träumen und zu genießen. Aber wenn man nur fest genug an seine Träume glaubt, gehen sie eines Tages in Erfüllung, davon bin ich überzeugt.

Ja wo denn!!! Bis dahin sind wir alt und grau! Natürlich kannst du von was träumen, das ist dein gutes Recht, nur kriegen wirst du nix! Du bist deines Glückes Schmied, aber Träume kann man eben nicht schmieden, bis einem automatisch der Erfolg zufliegt.

So meine ich das auch gar nicht. Du nimmst mich nicht ernst, Ernst.

Doch doch, ich nehme dich ernst, sehr ernst sogar! Zum Fürchten ernst!

Nein, bitte nicht! Einfach nur ernst, ok?

Jetzt hör mir einmal ganz genau zu: Du willst, dass ich dich ernst nehme, du aber nimmst mich nicht ernst! Immer schon und immer noch. Ich bin nur deshalb zurückgekommen, weil du dich so angehört hast, als ob du endlich auf der richtigen Spur wärst. Du hattest mir versprochen, mit mir über etwas Handfestes zu reden. Und was muss ich mir schon wieder anhören? Du schwafelst mir schon wieder von deinen Träumen die Hucke voll, die auch meine sein sollten, und dann wäre die Sache schon gekocht. Und genau da liegt der Hund begraben, denn dem Gedanken, dass man mit Freude an der Arbeit mehr Erfolg haben kann, kann ich durchaus etwas abgewinnen. Aber sobald es dann um die konkrete Umsetzung unserer Ziele geht, verzupfst du dich wie immer! Ich bin dir entgegengekommen, habe dir geduldig zugehört und manchem Aspekt deiner Ausführungen sogar zugestimmt. Du sagst selbst, dass man Ziele haben muss, aber damit alleine ist es ja nicht getan. Du wirfst mir immer noch vor, dass ich ohne Ziele und Träume an meiner Bank festklebe und keinen Finger rühre, um uns glücklich zu machen. Damit wäre ich allein verantwortlich für deine Untätigkeit. Du Opfer – ich Täter. So einfach ist das für dich. Immer noch. Deine ganze Gescheit-Rederei stinkt doch verdammt nach Ausreden: „Ich würde ja so gerne arbeiten, doch leider, leider fehlt mir die Motivation und die Kraft, weil es halt einfach keine menschenwürdige Arbeit gibt. Und noch dazu ist der Lebensernst mitsamt seiner Parkbank hinterherzuschleifen." Ich sag dir etwas: Du bist nicht nur der größte Kindskopf der Welt, sondern auch ein verdammter Egoist. Wer war es denn von uns beiden, der nach unserem Streit auf den anderen zugegangen ist, obwohl er alleine ganz gut zurechtkommt? Ich höre noch das Echo deines Hilfeschreis: „Ich kann ohne dich nicht glücklich sein!" Warum, denkst du, hast du mich zurückgerufen? Weil du es so gut mit mir gemeint hast? Nein, weil du nach wie vor bis zum Hals in der Scheiße steckst und gemerkt hast, dass du ohne mich im Leben nichts auf die Reihe kriegst! Reiner Eigennutz! Purer Egoismus! Und ausgerechnet du fühlst dich von mir, aus ach so minderwertigen Motiven, in Ketten gelegt? Könntest du auch mal überlegen, ob nicht *mein* gesundes Ego *deinem* kranken Ego einfach nur aus existentiellen Gründen Widerstand leistet? Weil ich sonst schlichtweg unter die Räder komme? Und dass meine Haltung vielleicht nichts weiter als ein Fluchtversuch vor deinem Ego war? Dass ich vielleicht bisher einfach keinen Anlass sehen konnte, diese

Sicherheitszone zu verlassen?

Auweia, wenn das wahr wäre! Dann müsste ich das Paket wohl noch ein wenig weiter aufrollen als gedacht. Ich habe ja schon zugegeben, dass ich dich bisher immer als den dominanten, egoistischen Anteil in mir empfunden habe, unter dem mein eigenes, gesundes Ich gelitten hat. Genau deshalb hab ich dich auch immer bekämpft. Aber das soll der Vergangenheit angehören. Und wenn es in mir noch alte Muster gibt, die dir Unrecht tun, bitte ich um Verzeihung. Ich will und muss vielleicht noch mehr auf dich eingehen, dich tief verstehen lernen. Und dazu finde ich es durchaus eine Überlegung wert, ob nicht gerade *ich* dich ins Exil auf deine Bank gedrängt habe. Aber du musst zugeben, dass ich es war, der dich gesucht hat und der sich deiner angenommen hat, als ich dich wie eine ausgepresste Zitrone auf deiner Bank gefunden habe.

Wieder zu viel der Ehre! Du hast mich genausowenig bewusst gesucht wie ich dich. Nur deine Neigung, allen möglichen Träumen nachzurennen, hat dich zu mir geführt. Auch ein blindes Huhn findet ab und zu ein Korn.

Ok. Womöglich eins zu null für dich. Aber der Ausgleich kommt sofort: Ich habe dich, sobald ich dich kennen gelernt hatte, umworben wie eine heiße Braut und nicht mehr losgelassen. Ich habe alles getan, um dich dazu zu überreden, dich mit mir auseinanderzusetzen. Und der Grund war nicht bloß die Lust an Wortgefechten; ich habe dich als meine zweite Hälfte erkannt und ebenso deine enorme Bedeutung für ein glückliches Leben. Ich habe gespürt, dass die Trennung zwischen uns mich und auch dich unglücklich gemacht hat. Ich hatte eine gewaltige Sehnsucht nach der Wiedervereinigung mit dir. Und das hab ich dir auch von Beginn an gesagt. Und du hast es gespürt, hast mir geglaubt und bist deshalb auf mich zugegangen. Eins zu Eins?

Wenn wir eine Gesamtrechnung der Punkte anstellen würden, würdest du noch lange im Minusbereich stecken ... aber nein, jetzt bin ich nicht fair. Also gut, meinetwegen, eins zu eins.

Danke Ernst, lieb von dir! Hast du auch gemerkt, dass wir gerade auf einen wunden Punkt gestoßen sind, über den wir unbedingt reden müssen? Wir werfen uns doch gegenseitig vor, dass wir ständig nur an uns selbst gedacht haben. Wir haben uns vielleicht tatsächlich, zumindest teilweise, aus egoistischen Motiven heraus ständig befetzt. Und nach deinen Vorhaltungen gerade eben dämmert mir, dass ich diesbezüglich auch kein Unschuldslamm gewesen sein könnte. Ich bin bereit, jede Mitschuld an unserer Trennung auf mich zu nehmen, die mit Egoismus zu tun hat. Wenn auch *du* dazu bereit bist.

Mir scheint, da liegt tatsächlich ein dicker Hund begraben, ja. Oder eventuell auch zwei…

Moment mal: Wir sind ja *eine* Person. Wie können wir dann zwei Egos haben? Ist das denn überhaupt möglich?

Kapitel 7
Das Ego

Wie es aussieht, müssen wir wohl zwei Egos haben. Für eine einzige Person wirklich eines zu viel. Aber wie gehen wir damit um, wenn es tatsächlich so ist? Müssen wir, um miteinander zurechtzukommen, dann eines von beiden auslöschen? Oder beide?

Komm schon, Ernst: Beides scheint mir irgendwie nicht das Wahre. Eines zu Gunsten des anderen abzuschlachten, kommt mir ziemlich daneben vor. Genauso abwegig wie die Vorstellung einer Person ohne jedes Ego… Da muss uns schon was anderes einfallen. Wie wär's, wenn wir davon ausgehen würden, dass wir nicht zwei Egos, sondern nur ein einziges gemeinsames haben, welches sich bei uns beiden nur unterschiedlich äußert? Das würde doch die Sache beträchtlich erleichtern, oder nicht? Hei, die Vorstellung, dass unsere beiden Egos „aus zwei mach eins" schaffen könnten, wäre doch die absolute Krönung!

Findest du? Mich reizt mehr ein anderer Gedanke: Wir haben uns doch schon so vieles um die Ohren gehauen, warum jetzt nicht auch unsere knallharten Egos? Wäre das nichts: Ich zeig dir meins und du zeigst mir deins… Da würde ganz schön die Post abfahren! Huuhh…!

Aber Ernst, du schlimmer du…!

Hehe. Da geht dir wohl der Arsch auf Grundeis, was?

Nein! Ganz im Gegenteil! Ich finde es wundervoll, dass du dich so aktiv mit mir beschäftigen willst. Komm an mein Herz! Ich hab Freude an dir, Ernst! Aber du glaubst doch nicht wirklich, wir haben ein Ego-Duell noch nötig? Mittlerweile weiß ich doch genau, was du an mir egoistisch findest und du weißt es sicher auch von mir, oder? Ich hab eine andere Idee: Wie wär's, wenn wir stattdessen beide offen zu unserem Ego stehen würden? Gehen wir doch einfach von der Rechnerei, wer im Ego-Wettbewerb mehr oder weniger Punkte gesammelt hat, weg und versuchen einmal herauszufinden, wovon wir da eigentlich reden. Vielleicht hast du ja einen ganz anderen Begriff von Ego als ich? Vielleicht liegt es an der Definition, dass wir uns nie einig sind, wer von uns beiden der größere Egoist ist?

Könnte was Wahres dran sein. Ich kann mich nämlich nach wie vor nicht als Egoisten sehen. Eher schien es bis jetzt meine Aufgabe, *deinen* Egoismus zu zügeln, um *mein* Ego am Leben zu erhalten.

Ja ja, das sagen alle Egoisten!
Ich mache jetzt aber ernsthaft den Vorschlag, dass wir die Begriffe „Ego" und „Egoismus" zuerst einmal auseinanderhalten und getrennt voneinander betrachten, denn was das Ego anbelangt, bin ich mir nicht sicher, ob der Mensch nicht ein gesundes Ego braucht. Und wenn es ein doppeltes ist.

Aber sicher! Ohne ein gesundes Ego kann niemand überleben. Da wäre die Menschheit schon lange ausgestorben. Es bewahrt uns davor, Handlungen zu wiederholen, die uns schaden und Dinge einzufordern, die wir zum Überleben brauchen. Somit wäre es ein ganz natürlicher Überlebensinstinkt.

Stimmt. Sonst müsste schon ein schreiendes Baby egoistisch sein. Wenn ich so recht überlege, ist das Ego sogar die Triebfeder für all unsere Ziele im Leben! Wahnsinn.

Da hast du ausnahmsweise einmal recht. Wenn man sich schwach und ängstlich fühlt und nicht um seine Wurst kämpft, wird man es mit Sicherheit im Leben schwerer haben als mit einem starken Ego. Sogar sauschwer.

Die Frage ist nur: Wo zieht man denn die Grenze zwischen dem Ego als notwendige Ressource und dem, was man landläufig Egoismus nennt?

Hmm... Vielleicht könnte man es so sagen: Das Ego ist unser Selbstschutz, ein ganz natürlicher Überlebensinstinkt und lässt Raum für andere Egos. Egoismus hingegen ist auf den bloßen Eigennutz ausgerichtet und von Selbstsucht geprägt. Es bedeutet, die eigenen Interessen und Ziele ohne Rücksicht auf andere zu verfolgen.

Bravo, Ernst! Das klingt stimmig. Und vom gesunden Ego als Selbsterhaltungstrieb her gedacht, liegt auch die tiefe Ursache des Egoismus auf der Hand: Egoismus nährt sich von dem Gefühl, zu kurz zu kommen und diese Angst schürt Eigennutz und Rechthaberei. Dabei soll die rücksichtslose Durchsetzung der eigenen Ideen oft ganz banal nur ein bisschen Selbstbestätigung liefern; Egoisten brauchen besonders viel Anerkennung, sie müssen sich stark und bedeutend fühlen. Deshalb stellen sie ihre Stacheln auf und wollen es allen zeigen – sich selbst natürlich am meisten.

Das klingt überzeugend. Deshalb blasen sich auch die Ängstlichsten am meisten auf. Nach außen ist so mancher stark und mächtig, aber innen scheißen sie sich in die Hosen. Und wer will schon nicht eine große Persönlichkeit sein, einen tollen Auftritt hinlegen, möglichst viel wissen, können, Recht behalten? Davon kannst auch du ein Lied singen, nicht wahr?

Danke, Ernst. Ich steck das mal so weg. Denn mir fällt gerade ein neuer interessanter Aspekt ein: Der Begriff „Ego" wird ja auch manchmal als Synonym für unsere sogenannte Identität genommen. Wenn man in diesem Sinn vom „Ego" oder „Ich" spricht, meint man etwas anderes als Selbsterhaltungstrieb; eher das Konzept, das wir von uns selber haben. Und über dieses Bild bestimmen wir ja eigentlich selbst, das ist nicht natürlich in uns angelegt.
Dieses Ego ist sozusagen unser innerer hausgemachter Kompass, wie eine programmierte Systemsoftware, von der wir glauben, dass sie uns durch die stürmische See unseres Lebens steuert. Aber, und jetzt kommt der Haken: Einmal eingegeben, verselbständigt sich der

Programmablauf und es ergeben sich Automatismen, die wir dann selbst oft nicht mehr durchschauen. Einige Datensätze erkennen wir zwar jederzeit problemlos, aber andere verbergen sich vor unserem inneren Auge und sind irgendwann nur mehr schwer ausfindig zu machen. Und während wir meinen, wir haben uns voll im Griff, verhalten wir uns oft ganz unwillkürlich, aus unserem Unterbewusstsein heraus. Wir erschaffen z.B. unsere Vergangenheit immer wieder neu, indem wir alte Verhaltensmuster abspielen – und merken es gar nicht!

Das ist mir auch schon bei dir aufgefallen. Wenn du z.B. einer Frau begegnest, die so ähnlich aussieht oder sich so verhält wie Tante Paula, kannst du dich ihr gegenüber auffallend unpassend verhalten. Du wirst schnell ungeduldig und giftest sie an, obwohl sie vielleicht ganz nett ist und gar nichts Schlimmes gesagt hat.

Danke, dass du mich daran erinnerst!

Bitte, gerne!

Na und, warum denn sollte gerade ich davor gefeit sein? Da bild ich mir nichts ein. Diese Dinge passieren jedem, weil uns unser Programm verarscht! Eigentlich logisch: Wir haben uns weiterentwickelt, unser Programm aber nicht. Es hat Erfahrungen als unangenehm eingestuft und will uns vor einer neuerlichen Wiederholung dieser Erfahrung schützen. Durchaus funktionell. Aber wenn das Navy inzwischen falsch programmiert ist, dann landen wir ganz woanders als da, wo wir eigentlich hin wollten.

Genau deshalb sollten wir uns immer wieder einer Wartungskontrolle unterziehen, unser Programm updaten sozusagen. Und wir zwei, wir haben sogar besonders viel zu tun, denn wir müssen nicht nur unsere zwei Programme updaten, sondern sie dann außerdem noch miteinander kompatibel machen und zu einem gemeinsamen Programm gestalten! Wahrlich keine leichte Nummer! Aber was soll's! Komm, lass es uns gleich versuchen, was meinst du? Wir setzen unsere Egos, oder wie immer wir sie nennen wollen, vor uns auf eine Bank und schauen ihnen tieeef in die Augen, huahh!!!

Was bist du für ein Vollpfosten! Dieses alberne Programm kannst du tatsächlich löschen und neu formatieren. Und warum erwähnst du schon wieder die dämliche Bank? Bin doch ich jetzt wieder der unfähige Bankwärmer und fehlgesteuerte Depp?

Aber nein, du heißt doch Ernst, nicht Ego-n! Vergiss die Bank. Unsere Egos können wir natürlich genauso auf einen Stuhl, die Tischplatte oder aufs Klo setzen. Oha, nein, letzteres geht schlecht, denn Doppel–Klos sind selten.
Aber schau, als ich dir in meinem Traum in die Augen gesehen habe, habe ich sofort erkannt: Das bin ja ich! Ich habe von Anfang an gewusst: Du bist die verdrängte Seite meines vordergründigen Spiegelbildes, meine ungeliebte Kehrseite – und ich natürlich deine, was mir aber damals noch nicht klar war. Und ich wollte eins mit dir werden. Und das will ich immer noch. Ich möchte dich genauso verstehen wie mich selbst, äh, ich meine natürlich mich selbst von allen Seiten.

Jetzt mal ernsthaft: Merkst du's nicht? Unser Gespräch hat uns doch schon jetzt auf revolutionäre Weise unserem gemeinsamen Ich näher gebracht! Je mehr wir früher in unsere Einseitigkeit abgedriftet sind, desto grösser wurde die Distanz zwischen uns. Aber jetzt spür ich's wieder in allen Fingern und Zehen, wie sehr ich mit dir verbunden bin. Es fühlt sich an wie „Zurück zum Ursprung."

Gaubst du wirklich, wir waren einmal glücklich vereint? Das kann ich mir beim besten Willen nicht vorstellen!

Ich schon. Komm schon, Ernst: Es sind doch nicht wir zwei, die nicht zusammenpassen, sondern unsere widersprüchlichen Prägungen, unsere verschiedene Software.

Also, falls ich das jetzt richtig verstanden habe, glaubst du, dass unsere verschiedenen „Egos" bloß die Summe all unserer Überzeugungen auf der Grundlage unserer Programmierung und Konditionierung ist, an der wir im Laufe unseres Lebens in Doppelbauweise herumgewerkelt haben, indem jeder von uns jeweils verschiedenfarbige Steinchen gesammelt und in sein Mosaik eingelegt hat?

Das hast du jetzt aber schön gesagt! Ganz genau. Ich denke, unser Ego basiert auf unseren unterschiedlichen Selbstkonzepten, welche mit der Zeit ein wesentlicher Teil unserer … sagen wir: Persönlichkeiten geworden sind. Dieses Konzept haben wir wie alle Menschen im Laufe unseres Lebens entwickelt, indem wir uns mit unserer Umgebung, unserem Namen, vielem, was man über uns gesagt, was man über uns gedacht hat, identifiziert haben. Das Dumme ist nur, dass wir bei den Erfahrungen, die wir gemacht haben, jeder für sich selektiv vorgegangen sind. Wir haben zwar dieselben Erfahrungen gemacht, sie jedoch unterschiedlich bewertet. Wir haben unangenehme Erfahrungen mit uns selbst und kritische Rückmeldungen von anderen aussortiert, wenn sie einfach nicht in unser jeweiliges Selbstbild passten. Und wenn das immer so weiter geht, dass man alles ausklammert, was einem nicht zu Gesicht steht, hat man irgendwann ein vollkommen einseitiges Bild von sich. Und wehe, jemand wagt es, ein Gegenbild zu entwerfen! Da werden wir immer empfindlicher, weil wir uns immer mehr im Recht fühlen; denn wer wüsste schon besser Bescheid über uns als wir selbst? Niemand, das scheint indiskutabel.

Das klingt wie eine exakte Beschreibung von dir selbst. Schon allein deshalb glaube ich an diese Theorie. Ich hab's dir doch immer schon gesagt: Du hast dir Stück für Stück ein Traumbild von deinem wahren Sein gebaut – und die dazu passende Welt natürlich.

Ja Moment, Moment! Nun mal halblang! Dasselbe läuft natürlich auch bei dir ab! Da musst du dir nichts einbilden! Oder meinst du, diese Software, die wir verinnerlicht haben, ist spurlos an dir vorübergegangen? Und wenn du die Retourkutsche unbedingt herausfordern willst, bitteschön: Du hast dir halt anstelle meiner Traumwelt eine Mauer um dein Herz, um unser Herz, gebaut und fühlst dich sofort angegriffen, wenn jemand durch diesen

Schutzschild hindurchdringen will. Du hast Angst, dass jemand deine Mauern niederreißt und du dein wahres verletzliches Ich spüren musst. Das ist *dein* Ego, Ernst!

Na und? Bei dir genügt oft schon ein Wort oder eine kleine Geste, dich in Rage zu versetzen. Wenn das deine Überlebensstrategie ist, dann Mahlzeit. Du bist alles andere als ego-los, bei dir ist das Ego los!

Wollten wir nicht damit aufhören, uns Dinge an den Kopf zu werfen?

Du wolltest damit aufhören! Ich habe gar nicht zugestimmt, Erinnerung? Im Gegenteil. Vielleicht würde dir ein ordentlicher Arschtritt nicht schaden.

Dann tritt dir nur selber in den Allerwertesten, Ernst... Aber wenn ich ehrlich bin, habe ich eigentlich gar nichts gegen deine Arschtritte. Im Gegenteil. Sie scheinen mich mittlerweile sogar anzuspornen. Und irgendwie bin ich sogar ein wenig stolz auf dich, Ernst! Du bist so ... lebendig geworden!
Du hast doch sicher nichts dagegen, wenn ich mir kurz selbst auf die Schulter klopfe. Damit bist natürlich du gemeint, versteht sich!

Klar. Jetzt braucht dein Ego wieder Selbstbestätigungsfutter, nicht wahr?

Ach woher! Diesmal will ich dir ein ehrliches Lob aussprechen: Es war mir gar nicht so richtig bewusst, was für ein toller Kerl du doch bist! O Ernsti! Ich bin bereit, meinen Teil der Schuld auf mich zu nehmen und sie nicht mehr wie mein Leben lang allein auf dich zu schieben – kleine Rückfälle inklusive natürlich, für die ich jetzt schon um Verzeihung bitte.

Du verlangst aber viel von mir. Nein, Spaß! Ich will mich auch anständig zeigen: Eine gewisse Unvollkommenheit darf ich wohl auch nicht leugnen. Das Gefühl, dass mein Ego genauso wie deines die notwendigen Grenzen Richtung Egoismus nicht immer vorbildhaft einhält, beschleicht mich während dieser Ego-Debatte zunehmend.

Echt anständig von dir, das zuzugeben, Ernst! Weißt du was? Ich glaube, wir beide identifizieren uns einfach so sehr mit unserem Ego, dass wir eine Scheißangst davor haben, es anzukratzen. Wir glauben wohl, wir würden dadurch unsere gesamte Persönlichkeit in Gefahr bringen; aber jeder von uns zwei ist doch nicht alleine auf der Welt. Wir haben ja UNS!
Und egal, welches Selbstbild wir von uns haben, ob wir eine Traumwelt oder einen Schutzschild um unser Herz gebaut haben, es ist doch immer, zumindest teilweise, eine selbst erschaffene Illusion.

Willst du damit sagen, dass wir zwei in Wirklichkeit von Illusionen leben?

Irgendwie schon. Wir wurden von Anbeginn unseres Lebens von Erfahrungen geprägt, die im schlimmsten Fall einen Teil unseres wahren Wesens vereinnahmt haben. Unsere vergangenen Erfahrungen bestimmen doch unsere zukünftigen Bewertungen. Und das bestimmt wiederum darüber, vor welchen Dingen wir Angst haben; wir haben uns eine ganz bestimmte Identität zurechtgelegt und wenn diese nicht im Einklang mit unserer gesamten Persönlichkeit ist, kämpfen wir unser ganzes Leben einen Verteidigungskrieg gegen die ungeliebten Anteile in uns – und gegen unsere menschlichen Spiegelbilder außerhalb von uns. Wir zwei haben diesen Spiegelkampf sogar in unserem gemeinsamen Inneren ausgefochten! Schön blöd!

Also wendet sich ein ursprünglich sinnvolles und notwendiges Prinzip einfach so gegen uns selbst?

Ja, sieht leider ganz danach aus.

Aber das Gehirn wäre doch eigentlich zum Lösen von Problemen da. Wenn es aber so ist, wie du sagst, werden durch unsere grauen Zellen aber mehr Probleme erzeugt als gelöst. Das wäre doch der ultimative Beweis dafür, dass der Mensch eben doch nichts als ein fürchterliches Rindvieh ist.

Jetzt fall nur nicht gleich wieder in deinen kohlrabenschwarzen Pessimismus zurück. Damit würdest du nur beweisen, wie recht ich habe. Wir reden ja grad davon: Durch unsere inneren Bilder sabotieren wir uns oft selbst und machen uns zu unserem eigenen Feind. Letztlich macht genau das den Menschen zu jenen triebgesteuerten Bestien, von denen du immer sprichst, eigentlich schafft das fehlgeleitete Ego genau das, was es vermeiden will: Sich selbst und andere zum Feind zu haben, in Folge dessen: Unsicherheit, Unglück.

Klingt irgendwie schlüssig. Wenn man sich anschaut, wohin uns dieses Ego gebracht hat, wird einem tatsächlich ganz übel: Kriege, Zerstörung, Hass, Neid usw. usw. und das alles womöglich wegen dieser unbewussten Software…

Ja, das ist in der Tat erschreckend!

Hei, aber wenigstens wir zwei sind uns jetzt dessen bewusst!

Ja, ich muss sagen, dieses Gespräch macht mir große Hoffnung, dass wir tatsächlich noch zusammenkommen. Vielleicht schaffen wir es beim Thema Ego und Egoismus tatsächlich, zu einer soliden, gemeinsamen Basis zu gelangen.

Wer weiß. Eigentlich logisch. Wenn es um die Vereinigung der beiden Ichs geht, sind Ego und Egoismus doch das Thema schlechthin.

Ja stimmt. Wir hätten überhaupt mit diesem Thema beginnen sollen, Mensch!

Hätte, hätte, Fahrradkette! Lass das Gejammere. Und was deine große Hoffnung anbelangt, kann man die

Wurst nicht drehen, bevor die Sau geschlachtet ist. Die Sau ist sozusagen erst auf dem Weg zum Metzger; aber lass sie uns ruhig weiter in die Richtung treiben.

Haha! Na, dann hoffen wir nur, dass uns dabei keine Tierschützer in die Quere kommen!

Jetzt lass uns weiterreden! Lass uns einen Gang zulegen, es ist spät!

Einverstanden. Öh ... wo waren wir nochmal?

Wir hatten darüber gesprochen, wie wir Bausteine aus der externen Welt zu unserem Selbstbild zusammenbasteln. Eindrücke, die oft nicht sehr viel mit unserer wahren Natur zu tun haben...

Ah ja, richtig!

Stellt sich mir noch die klitzekleine Frage, was dann eigentlich unser beider Natur ist? Was ist unsere Hardware? Wie ist sie? Wo ist sie? Wie kommen wir an sie heran? Hast du das bedacht?

Richtig. Das sind wirklich gute Fragen, Ernst. Ich habe für das ganze Paket aber leider auch kein Patentrezept parat. Eines scheint mir aber gewiss: Unsere Hardware liegt hinter einem Dickicht aus Konditionierungen verborgen. Und was man beseitigen oder bekämpfen will, muss man zuerst einmal gründlich kennenlernen. Um zu unserer wahren Natur vorzudringen, müssten wir uns also wahrscheinlich zuerst einmal durch den Dschungel unserer Prägungen kämpfen, sozusagen den Weg zu unserer Hardware freiräumen. Und wir sollten auch nicht nur mit unserer Ratio vorgehen, sondern auch unsere Intuition ins Spiel bringen.

Na, ich hab's mehr mit der Ratio. Du sagst, wir müssten unsere Prägungen auflösen? Wie stellst du dir das vor?

Tja, wo ein Wille, da ein Weg. Den festen Willen dazu braucht es natürlich auch – er ist sozusagen die Machete im Dschungel. Aber ich bin überzeugt: Diese innere Suche lohnt sich allemal. Stell dir vor, wir könnten nach getaner Arbeit an unserer gegenseitigen Software unsere vielfältig angelegten Talente, die bisher halbiert waren, zusammenlegen und dann mit doppelter Kraft durchstarten! Dieser Weg wird sicher nicht einfach sein, aber was ist denn auch schon einfach im Leben?

Endlich mal ein tief wahrer Satz von dir!

Danke, Ernst. Betrachten wir also zuerst einmal das Gestrüpp rundherum. Einverstanden? Gut. Also, gehen wir einmal davon aus: Wir sind die Konstrukteure unseres Programms. Nur wir können es also auch umschreiben, nur wir kennen das Passwort. Vielleicht haben wir es vergessen und müssen uns wieder daran erinnern. Wenn wir verstehen wollen, weshalb wir so sind, wie wir sind, müssten wir zuerst versuchen herauszufinden, über welche Passwörter diese unterschiedlichen Vorstellungen eigentlich in unseren gemeinsamen Kopf gekommen sind.

Ich weiß nicht. Klingt kompliziert. Hast du schon eine Idee, wie sie dahin gekommen sind?

Na, sicher durch Erfahrungen und emotionale Prägungen in unserer Kindheit. Die haben uns vielleicht gespalten. Zwei Wesenheiten haben den Platz unseres gemeinsamen Seins, unserer gemeinsamen Seele, die eigentlich nur um ihrer selbst geliebt werden will, eingenommen. Vielleicht hat sich unser Geist zwei unterschiedliche Strategien ausgedacht, um die Chance auf Erfolg zu verdoppeln? Klappt es mit dem einen Ego nicht, klappt es vielleicht mit dem anderen?

Also, ich kann mich mit dieser Erklärung nicht anfreunden. Ich weigere mich innerlich, mein Ego als Ergebnis sozusagen eines bloßen Betriebsunfalles zu betrachten! Da muss es doch noch eine andere Wahrheit geben. Das Ego kann auch nicht nur falsches Selbstbild, nicht bloßer Egoismus zum Zweck der eingebildeten Selbstverteidigung sein. Ein Baby hat ja auch noch kein Selbstkonzept, aber es hat das Bedürfnis, die eigenen Interessen geltend zu machen und sie zu verteidigen. Also muss doch bereits etwas in jedem Menschen vorhanden sein, das es wirklich und wahrhaftig zu verteidigen gilt.

Hm ... stimmt. Bei diesem Argument waren wir eigentlich schon. Aber folgender Gedanke gefällt mir sehr: Jeder einzelne Mensch muss eine eigene Special Edition sein, mit angeborenen individuellen Eigenschaften, Merkmalen, Fähigkeiten und Bedürfnissen. Da siehst du wiedermal, wie einzigartig wir alle sind. Und du glaubst es mir nicht, oder inzwischen doch? Das zu leugnen, ginge nämlich auch gegen jede wissenschaftliche Erkenntnis.

Von mir aus. Halten wir also fest: Unser Ego ist nicht nur Selbstkonzept, sondern auch aus genetischen Dispositionen – und weiß der Teufel was sonst noch alles – zusammengesetzt. Jeder Mensch bringt schon seinen eigenen, ganz individuellen Charakter mit in dieses Leben.

Eben. Wir sollten also unsere Gene und unsere Prägungen als gleich bedeutsam für unseren sogenannten Charakter erkennen.

Schon gut. Da sind wir uns ohnehin einig. Aber führt das nicht an unserem Thema vorbei? Wir zwei müssen doch nicht darüber diskutieren, was davon welche Rolle spielt. Die Gene dürften wir ja die gleichen haben. Und somit sollte es wohl nicht darum gehen, unseren gemeinsamen genetisch bedingten Kern zu finden, der zweifellos da ist, sondern um die Ursache der Verschiedenheit, oder?

Ja sicher. Wir könnten uns aber einfach einmal darüber freuen, dass unser Ich viel größere Gemeinsamkeiten hat, als wir bisher angenommen haben.

Meinetwegen. Wenn es dich glücklich macht.
Aber jetzt tu mir einen Gefallen und hör mit diesem Ego – Thema auf. Wenn man etwas nicht findet und noch nicht einmal definieren kann, existiert es vielleicht gar nicht. Tatsache ist, dass wir gemeinsame Gene und gemeinsame

Lebenserfahrungen haben. Tatsache ist auch, dass wir trotzdem zwei verschiedene Wesen, Charaktere, Ichs oder Egos – das kannst du nennen, wie du willst – haben. Und dass wir hauptsächlich oder ausschließlich – spielt ebenfalls keine Rolle – deshalb ständig gestritten haben. Und dass wir die Schnauze voll davon haben.

Stimmt.

Und was du zuvor vom Egoismus und seinen Ursachen und Folgen von dir gegeben hast, war ja nicht alles falsch.

Ok.

Dass unsere Verschiedenheit erst im Laufe unseres Lebens aufgetreten ist und zweifellos zugenommen hat, ist ebenso Tatsache, denn das Eine entspricht der Logik, das Andere unser beider Erfahrung, stimmst du mir zu?

Natürlich, keine Frage.

Dass diese Aufspaltung, Trennung, Distanz also auf einen verschiedenen Umgang mit denselben Erfahrungen zurückgehen muss, lassen wir als einzig logische Erklärung einmal gelten, oder?

Sag ich doch!

Und ich habe dir darin auch größtenteils zugestimmt, wenn ich dich daran erinnern darf. Auch deinen Theorien von Selbstbild und Verselbstständigung bestimmter

Denkmuster konnte ich durchaus etwas abgewinnen. Hä, hä ... da war unter deinen hundert gescheiten Büchern vielleicht doch eines dabei, das etwas taugt.

Das freut mich unheimlich, meine Erkenntnisse nun von dir bestätigt zu wissen!

Ha, ha, merkst du was? Bestätigung! Ego! Ja, ja!

Ok, 5:0 für dich. Aber das ist nicht alles, was mich gefreut hat. Weißt du, ich habe so viel in Büchern davon gelesen und mir schon oft so viele Fragen gestellt. Aber Bücher können nun mal nicht antworten und mit dir...

Ha! Schon wieder Eigennutz! Und das wirst du mir jetzt gleich wieder zur Selbstschutzmaßnahme erklären, oder?

Nein, nein, so ist es nicht. Du sollst ja nicht bloß mein Werkzeug sein! Ich will alles mit dir zusammen durchdenken, mit dir auf einen grünen Zweig kommen, mit dir, meinem zweiten Ich will ich in Frieden sein, mit dir zusammen in Liebe und Freundschaft durch unser gemeinsames weiteres Leben gehen. Verstehst du?

Jaaa ... ich glaub dir mittlerweile. Und ich verrat dir was: Inzwischen ist das auch zu meinem Ziel geworden. Du hast es tatsächlich geschafft, mich mit deinem Versöhnungsgesülze anzustecken, fürchte ich grad.

Oh, lass dich umarmen, lieber ... äh ... Bruder?

Lass gut sein! Noch sind wir nicht soweit. Sagte ich dir schon. Und mit der Liebe hab ich's nicht so. Lass uns lieber mit einem vernünftigen Dialog weitermachen.

Aber genau auf dieses Pärchen Liebe und Dialog sollten wir unsere Aufmerksamkeit richten! Wenn es einen Weg aus dieser Trennung gibt, dann kann es doch nur der des Dialogs und der Liebe sein! Wer von der Aufhebung der Isolation im eigenen Inneren redet, muss den Weg des Dialogs gehen! Und überhaupt scheinen mir Egoismus und Liebe das klassische Gegensatzpaar zu sein: Egoismus nimmt, Liebe gibt. Egoismus macht einsam, Liebe schafft Gemeinschaft. Egoismus spaltet, Liebe verbindet. Egoismus zerstört, Liebe baut auf.

Schluss, Schluss! Erbarmen!

Entschuldige. Möchte dich nicht vollquatschen. Meine Gefühle gehen wieder einmal mit mir durch. Mensch, Ernst, die Liebe musst du unbedingt näher kennenlernen! Sie ist wahrscheinlich überhaupt der Anlass, die treibende Kraft, den zerstörerischen Egoismus loszulassen. Und es kann die Liebe zu sich selbst oder die Liebe zu anderen sein. Je mehr die Liebe in uns wächst, desto mehr zieht sich der Egoismus wie ein geprügelter Hund zurück. Eigentlich ist der Urgrund für Egoismus wohl immer ein Defizit an Liebe, ein Liebesvakuum, das sich füllt mit Scheinformen und Ersatzbefriedigungen, und weil sie nicht satt machen, bleibt der Hunger, und der führt zur sinnlosen Völlerei und echte Liebe findet keinen Raum mehr in dir.

Kapitel 8
Die Liebe

Ach, die Liebe… Es ist nicht zu überhören: Dein absolutes Lieblingsfeld zum Schönreden!

Mach mir ja die Liebe nicht schlecht! Die Liebe brauch ich mir gar nicht schön zu reden, sie ist das Schönste auf der Welt. Was wäre die Welt ohne die Liebe! Was wäre unser Leben ohne Liebe. Sie ist der Ursprung allen Seins. Alles entsteht aus Liebe. Sag nur, du glaubst nicht an sie?

Natürlich glaube ich an die sogenannte Liebe! Sie ist die einzige Sklaverei, die als Vergnügen empfunden wird. Liebe ist nichts weiter als ein Gefühl, das egoistischen Zwecken dient und das du mit etwas Angenehmen und Wertvollen verbindest. Wenn dir Liebe gegeben wird, schmeichelt sie dir und dient deiner Selbstbestätigung. Klar liebst du das am anderen. Und so „lieben" sich die Menschen gegenseitig, bis das glänzende Spiegelbild zur Fratze wird. Dann schlagen die positiven Emotionen in Enttäuschung und gegenseitigen Hass um und die liebe Liebe bricht zusammen wie ein Kartenhaus. Nur ein Glück, dass nicht jeder über atomare, chemische oder biologische Waffen verfügt, andernfalls wäre die Erde schon längst in Schutt und Asche gelegt.

Mitunter ist das tatsächlich ein Glück. Und klar suchen

wir Selbstbestätigung, das ist doch ganz normal. Aber es geht doch auch darum, was der Liebe sonst noch zugrunde liegt, was sie motiviert und antreibt.

Was soll der Liebe anderes zugrunde liegen als Ich-Befriedigung? Der Mensch kann sich anscheinend, wie er ist, selbst nicht ertragen, deshalb braucht er immer ein Gegenüber, das ihm die Bestätigung gibt, liebenswert zu sein. Jeder Magnet hat einen Positiv- und einen Negativ-Pol, jeder Mensch braucht sein positives Spiegelbild. Und wenn der Spiegel bricht, muss eben ein neuer her.

Tja, wir leben offensichtlich in einer dualistischen Welt voller Gegensätze, wo beides seinen Platz hat: Licht und Schatten, Liebe und Hass. Sie stehen sich sozusagen gegenüber. Gegensätze bilden wohl tatsächlich die Grundlage für jegliches Gleichgewicht im Leben. Das Spannungsfeld der Gegensätze macht Leben überhaupt möglich und ist sicher auch die Grundlage jeder Liebesbeziehung zwischen Mann und Frau. Aber die Liebe bloß auf die gegenseitige Bestätigung zu reduzieren, wird diesem Phänomen sicher nicht gerecht.

Ich kann nachvollziehen, dass es Gegensätze braucht, aber diese großen Gefühle, von denen du wieder sprichst, sind nichts weiter als elektromagnetische Impulse, interpretiert von deinem Verstand. Das ist dasselbe wie eine riesengroße Menge Schokolade zu vertilgen, bis einem schlecht wird, anstatt was Ordentliches zu essen, wenn man Hunger hat. Die Liebe dient biologisch gesehen vor allem der Fortpflanzung. Und um mich auch einmal in

Zitaten zu ergehen, zitiere ich jetzt Arthur Schopenhauer, der sagte nämlich: „Die Genitalien suchen sich und die Seelen glauben sich zu finden." Du siehst, meine Sichtweise hat auch prominente Gesinnungsgenossen. Gemeinsam mit einer unendlichen Reihe von großen Geistern der Vergangenheit und Gegenwart bin ich immer noch der Meinung, dass der Mensch eben doch ein Lustspecht und ein triebgesteuerter Egoist ist. Deshalb merk dir eins: Wenn es dir mit dem anderen Geschlecht schlecht geht, kannst du dir die Liebe auch einfach schön denken, schön reden, schön saufen oder schön vögeln. Alle Möglichkeiten hast du schon mindestens einmal durchgespielt. Und bist nie gescheiter geworden, sondern immer gescheitert. Weißt du was? Nimm einfach ein Zeitungsbild oder eine Person deines Geschmacks, mach ein geistiges Foto und projiziere es gedanklich auf dein Gegenüber, schon hast du deinen Traumpartner gefunden. Es kommt eh auf dasselbe hinaus.

O Mann. Du musst mir nicht aus meinen gescheiterten Beziehungen einen Strick drehen, um die ganze Liebe daran aufzuhängen. Vielleicht hab ich ja auch bisher nur zu wenig davon verstanden, um sie richtig zu leben? Du solltest wirklich etwas tiefer in die Materie eindringen. Das kann mir nur nutzen und dir nicht schaden. Und beschränken wir das Thema doch nicht auf das Verhältnis zwischen Mann und Frau: Liebe ist doch im Prinzip geschlechtsneutral. Wir lieben auch unsere Kinder, unsere Freunde, die Natur, die Tiere und Pflanzen oder Gott. Diese Liebe fühlt sich doch nach mehr an als bloße x-beliebige Emotion. Mir ist klar, dass das emotionale

Feld der Liebe schwer zu beschreiben ist, aber ich gehe einmal davon aus, dass du und ich wissen, dass Liebe mehr ist als nur ein Wort. Wer die Liebe nicht spüren kann, dem kann man sie auch nicht erklären, oder?

Hm... Kann sein.

Liebe ist etwas ganz Individuelles und trotzdem allgemein Gültiges. Und es wird vielleicht noch niemandem gelungen sein, wahre Liebe aufgrund von logischen Erklärungen zu erfassen. Aber genau das macht die Liebe doch zu diesem Mysterium. Man kann niemanden um Rat fragen, wie und auf welche Weise man lieben soll. Liebe ist unsichtbar und doch können wir sie durch unser Handeln zum Ausdruck bringen: Eine Umarmung, ein Kuss, ein lieber Blick, ein Lächeln oder ein liebes Wort. Und hast du nicht auch gemerkt, wie bereitwillig sich Menschen von einem anderen, der Liebe ausstrahlt, mitreißen lassen? Dieses Gefühl von Weite, Freiheit und Geborgenheit zugleich – das muss dir doch was sagen! Eines ist für mich jedenfalls sicher: Ohne die Liebe ist das Leben nicht lebenswert. Liebe ist pure Energie. Ihr Dasein hängt von unserer Bereitschaft ab, uns Ihr hinzugeben. Ohne die Liebe ist das Leben doch schal und leer, nein, eigentlich gar nicht möglich!

Ich kann mir nicht helfen, aber ich kann mit deiner Gefühlsduselei einfach nichts anfangen. Von wegen: Liebe macht frei! Abhängig macht sie! Es ist die subtilste Sklaverei der Welt. Wie oft wäre es ehrlicher von dir gewesen, wenn du gesagt hättest: „Ich brauche dich für

meine Zwecke" anstatt „Ich liebe dich." „Ich brauche dich, weil ich mich so alleine fühle, ich brauche dich als Stütze, ich brauche dich, damit ich jemandem zum Reden habe, dass ich meine Ängste hinter dir verbergen oder meine sexuellen Bedürfnisse an dir ausleben kann."
Viele emotionale Bedürfnisse, die du als Kind nicht erfüllt bekommen hast, sollen später andere erfüllen. Ganz nach dem Motto: *Ich brauche dich so sehr wie meinen Teddybär! Ohne dich kann ich nicht leben!*
Schau dich doch um. Es ist doch fast keiner bereit, seine Sicherheit gegen gnadenlose Ehrlichkeit einzutauschen. Wenn euch das Leben zu heiß wird, lauft ihr alle davon und flüchtet in eure kleine, abgeschottete Liebes-Welt. Selbst in der Liebe bist du ein Egoist.

Klar brauchen wir uns gegenseitig, und zwar nicht nur als Kuscheltier, das ist doch ein uraltes soziales Bedürfnis. Ich hab das Gefühl, wir reden hier über zwei verschiedene Dinge. Liebe ist mehr als gegenseitiges Brauchen. Liebe ist Lebensenergie, Licht, von dem sich jedes Lebewesen magisch angezogen fühlt. Sie ist das, was wir tief in uns spüren, die urpositive Kraft, unsere Seele. Es gibt Bilder von Jesus, zu dessen Füßen Tiere lagern. Es heißt, sie wurden von seiner Liebe, seinem Licht angezogen, genauso wie die Menschen, die ihm folgten. Welches egoistische Bedürfnis hätte sie denn das tun lassen? Sag: Welche größere Freiheit gibt es, als sich der bedingungslosen Liebe des anderen ebenso bedingungslos hinzugeben? Und aus freien Stücken dasselbe Riesengeschenk zurückzugeben? Wer das nicht nachvollziehen kann, hat doch einen Sprung in der Schüssel! Und dir sagt das alles nichts? Liebst du uns denn überhaupt nicht?

Also dich ganz bestimmt nicht!

Danke. Und dich selbst, liebst du dich?

Das habe ich dir doch schon gesagt. Ich bin nicht so narzisstisch veranlagt wie du. Ich muss nicht in mich selbst verliebt sein, um mit dem wahren Leben zurechtzukommen.

Ach woher, ich spreche doch nicht von Selbstverliebtheit! Ich spreche von Liebe, einfach Liebe, ohne Hintergedanken. Du kannst dir noch so oft sagen: Ich liebe mich, ich liebe mich ... da passiert garantiert gar nichts. Du kannst dich bewundern oder stolz auf dich sein, aber lieben kannst du dich nicht. Liebe ist nun mal kein Gedanke. Liebe ist eine Urkraft. Glaub mir: Unser Herz kennt das Geheimnis der Liebe, unser Verstand aber kann sie nur bewerten und ständig in Frage stellen. Und gesunde Selbstliebe hat nichts mit Narzissmus zu tun.
Sie fühlt sich an wie die vorbehaltslose Liebe zu einem anderen Menschen, nur, dass sie nicht nach außen projiziert, sondern zu uns selbst zurückgeleitet wird. Wenn man sich liebt, hat man Achtung vor sich und achtet auf sich. Es sind im Grunde dieselben Merkmale wie bei der Fremdliebe.

Na, dann liebe ich mich!

Schön Ernst! Das freut mich! Da bin ich mir bei mir selbst

gar nicht mehr so sicher, seit wir miteinander reden. Kannst du dich noch erinnern, was wir über die Wahrheit über uns selbst herausgefunden haben?

Ja natürlich, wie könnte ich dieses Hohelied der Wahrheit vergessen.

Die meisten Kinder werden nur dann geliebt, wenn sie das tun, was andere von ihnen verlangen. Hierfür gibt es in nahezu jeder Sprachen einen passenden Ausdruck. Errätst du welchen?

Nein! Hab keine Lust zu raten.

Das „brav" sein! „Brav" bedeutet nämlich nichts anderes als gehorsam sein, willig, folgsam, anständig, untertänig, konditioniert sein. Bist du aber brav! Heute warst du aber gar nicht brav! Wenn du jetzt nicht brav bist! Jetzt sei doch mal brav!

Kinder brauchen klare Regeln, sonst ergeht es ihnen wie dir...

Boing! Vielen Dank! Aber du hast recht: Kinder brauchen klare Regeln. Noch mehr aber brauchen sie Verständnis, Wertschätzung, eben Liebe. Sie sollten hören, wie wundervoll und einzigartig sie sind, wie stolz wir auf sie sind, welcher Segen sie für uns sind und wie sehr wir sie schätzen und ja, auch brauchen! Sie sollten spüren, dass es gut so ist, wie sie sind, dass sie ein Geschenk für uns und die Welt sind und keinesfalls im Wege stehen. Man

sollte es aussprechen. Viele Kinder hören das nämlich nie. Von wem also sollten sie lernen sich zu lieben?
Sehr viele haben bedingungslose Liebe nie vorgelebt bekommen. Vielleicht ist das ja der Grund, weshalb sich so wenige selbst lieben und wahre Liebe schenken können? Denn Kinder werden verschoben und verbogen und zu Kopien ihrer Eltern gemacht. Die wurden ihrerseits natürlich auch verschoben und verbogen und zu Kopien ihrer Eltern gemacht. Mittlerweile haben wir bereits eine so glanzvolle Dressur hinter uns, dass wir die Kopie gar nicht mehr vom Original unterscheiden können. Und wenn wir überhaupt den Anlass dazu sehen, müssten wir erst sehr lange an der Fassade kratzen, bis irgendetwas Substantielles zum Vorschein kommt, das unserer individuellen Wahrheit entspricht. Deshalb werden wir Menschen erst dann bedingungslos lieben können, wenn wir ganz wir selbst geworden sind und uns in Liebe so annehmen können. Sonst artet Liebe in Abhängigkeit und Sklaverei aus, da gebe ich dir vollkommen recht.
Wahre Liebe zu verschenken ist das schönste Gefühl auf der Welt. Die Liebe ist Vitalität, Triebfeder allen Lebens, Ursprung allen Glücks und Seins! Und ich befinde mich mit dieser Meinung auch in allerbester Gesellschaft. Wie du Schopenhauer und andere zu Gewährsleuten für deine desaströse Sichtweise verwendest, halte ich dir Hermann Hesse entgegen, der es auf den Punkt bringt: „Glück ist Liebe, nichts anderes. Wer lieben kann, ist glücklich." Ach, Ernst, Liebe kann wahre Wunder bewirken!

O bitte, jetzt komm mir nicht auch noch mit Wundern!

Aber warum denn nicht? Du kannst doch ganz einfach Zeuge davon werden, was Liebe Fantastisches bewirken kann: Schenke jemandem deine Liebe und du siehst seine Freude und pures Glück in seinen Augen. Du siehst sein wunderschönes Lächeln. Dort, wo vorher Schwere und Traurigkeit waren, sind Hoffnung und Kraft. Dort, wo vorher Dunkelheit war, ist plötzlich Licht. Wo hingegen keine Liebe ist, herrschen Misstrauen und Angst.
Und genau das ist der Grund, warum du nichts von der Liebe hältst: Du hast eine Scheißangst davor! Und du hast nicht nur Angst vor der Liebe, sondern vor jedem intensiven Gefühl. Denn Gefühle verunsichern Menschen zutiefst, wenn sie nicht damit umgehen können, sie machen scheinbar schwach und wehrlos. Also bloß weg damit!

Das Einzige, was daran stimmen könnte, ist, dass mir angesichts deiner Gefühlsexzesse immer noch angst und bange wird. Nicht auszumalen, wo wir heute wären, wenn ich derselbe Emotionsbolzen wäre wie du! Ich bin dazu verurteilt, ständig allein darauf zu achten, dass in unserem Leben nicht alles zur Fata Morgana ausartet und aus dem Ruder läuft. Verdammt, *ich* bin es doch, der seit jeher auf dich aufpassen muss! Nur mir und meinem nüchternen Verstand hast du es zu verdanken, dass wir uns jetzt überhaupt noch unterhalten können!

Ok, ok. Dass ich dich immer wieder als Ausgleich gebraucht habe, ist mir ja inzwischen bewusst. Da hast du viel leisten müssen. Und wenn ich dich jetzt so höre, kommt mir sogar ein peinlicher Gedanke:

Womöglich trage ich selbst noch Schuld daran, dass du deine Emotionalität nicht entwickeln konntest? Weil ich meine zu sehr gehätschelt habe? Ich gebe zu, dass ich die Gefühle gegenüber der Vernunft wirklich immer wichtiger genommen, mich eher davon hab leiten lassen. Ich gebe sogar zu, dass es oft vernünftiger gewesen wäre vernünftig zu sein sozusagen. Ich hatte immer den Eindruck, nur meine Gefühle verleihen mir Stärke, Auftrieb, Flügel.

Diese Flügel hattest du aber nur in deiner Einbildung! Sie waren eine genauso erbärmliche Konstruktion wie die künstlichen Flügel des Dädalus und Ikarus, die glaubten, mit Hilfe eines Holzgestells mit Vogelfedern, ihrem Inselgefängnis entfliehen zu können. Und wie Ikarus bist du aus deinen luftigen Höhen immer wieder abgestürzt und auf dem Boden der Realität zerschellt – wo ich dich dann wieder zusammenklauben musste.

Moment, die Flügel von Dädalus waren durchaus flugtauglich erdacht und konstruiert. Vater und Sohn sind damit schließlich sehr weit und hoch geflogen, ja, Ikarus konnte damit sogar so hoch fliegen, dass er der Sonne zu nahe kam, das Wachs schmolz, die Federn sich lösten und er deshalb wie ein Stein ins Meer stürzte. Es lag an der Flughöhe.

Ja, und genau wie die Sonne Ikarus zu Fall gebracht hat, treibt dich dein überhitztes Inneres immer wieder zu gefährlichen Höhenflügen an. Zum Glück lässt dich dein durchgebrannter Motor oft scheitern, noch bevor du überhaupt richtig abheben kannst. Du fliegst nur in deiner Einbildung, mein Lieber!

Nun, dass da manchmal auch viel heiße Luft dabei war, kann ich wohl nicht mehr abstreiten. Das mit dem Abheben hat ja wirklich oft nicht geklappt und dann haben sich meine großen Hoffnungen und Kräfte in Luft aufgelöst. Um mit Goethes Faust zu sprechen: „Da steh' ich nun, ich armer Tor. Und bin so klug als wie zuvor."

Sehr richtig. Und das alles musste ich nicht nur mitansehen, ich musste auch noch deinen absehbaren Absturz mit allen Mitteln verhindern, weil ich sonst auch mit draufgegangen wäre. Denn vergönnt hätt ich's dir.

Oje, ich sehe wieder, was ich dir zugemutet habe. In meinen Augen warst du bloß der Gegenwind, der Energiefresser, das Loch im Tank. Jedes Festkleben am Boden und jede Notlandung habe ich auf dich zurückgeführt. Dabei war vielleicht gerade ich es, der sich an dir schuldig gemacht hat. Womöglich habe ich dich durch meine Überdosis Gefühl seit unserer Kindheit so gründlich abgeschreckt, dass bei dir inzwischen bei jedem Gefühl die Alarmglocke schrillt, weil du nur wieder einen drohenden Rettungseinsatz befürchtest. Mensch, Ernst, was bist du nur für ein wunderbarer Bruder! Du hast wegen mir sogar dein eigenes Gefühlsleben eingefroren und hast dich, als dir die Kraft ausging, resigniert auf deine Bank zurückgezogen. Und ich, anstatt es zu kapieren, was du für mich tust, hab nur dich alleine für alles

Unglück verantwortlich gemacht und dich immer nur abgeschoben, ja, mit allen Mitteln loszuwerden versucht – hab dich mit Schimpf und Schande davongejagt. Wie gut, dass wir endlich miteinander reden. Ohne dieses Gespräch wäre ich wohl nie darauf gekommen.

Aus welchem Universum kommt denn diese Einsicht?

Tja, die kommt wohl aus dem Universum der Liebe, Ernst…

Jetzt brich nur um Himmelswillen nicht noch in Tränen aus! Aber ich muss zugeben, dass mich das jetzt irgendwie berührt. Wahrscheinlich schmeichelt es meinem Ego, dass du endlich meine gewichtige Rolle anerkennst. Auf dieser Basis lässt sich reden.

Wie schön! Na, dann folgen wir doch weiter diesem roten Faden, wenn es dir recht ist. Eines verspreche ich dir jedenfalls, Ernst: Du sollst nie wieder einen Grund haben zu verschwinden!
Ich habe auch schon eine prima Idee, wie wir eine Basis für unsere gemeinsame Zukunft schaffen könnten. Hör zu: Wenn es stimmt, dass ich dich durch mein Verhalten in eine gefühllose Oppositionshaltung gezwungen habe, dann müsste ich liebevoller auf dich zugehen, damit du dasselbe bei mir machen kannst. Was hältst du davon? Wäre das was?

Das könnte in die richtige Richtung gehen. Ich fange fast an, mich ernstgenommen zu fühlen.

Ohja, das freut mich. Und wie stellen wir das an? Lass uns das mal gemeinsam durchdenken. Wäre doch gelacht, wenn da nichts Brauchbares dabei herauskäme. Wir sind doch zwei, nein, ein schlaues Kerlchen.

Mach du mal, schließlich bist du ja der Experte für Pläne und Strategien.

Ok. Fangen wir damit an, was ich tun könnte. Hm... Was wäre das Wichtigste....
Du beklagst dich vor allem über meinen mangelnden Realitätssinn und meiner fehlenden Bodenhaftung. Ich müsste also bodenständiger werden. Dann könntest du es vielleicht schaffen, mir mehr zu vertrauen und gemeinsam mit mir die Zügel in die Hand zu nehmen.

Fang erstmal an, pünktlich deine Rechnungen zu bezahlen und regelmäßig den Müll hinauszubringen.

Boing. Warum jetzt wieder so zynisch? Du weißt doch genau, dass mit diesen lächerlichen Vorschlägen nichts getan ist. Ich meine es ernst. Ich will vernünftiger und realistischer werden.

Mit werden *wollen* ist aber nichts getan. Wollen tust du viel. Und leer palavern kannst du noch besser.

Hei, kneifst du jetzt etwa?

Nein, ich bin nur ein gebranntes Kind. Ich kenne dich einfach zu gut. Wenn du von Realität sprichst, klingt das für mich nach einem ebenso künstlichen Konstrukt wie deine Gefühlstheorien. Ich sag dir etwas: Mag sein, dass ich wegen dir teilweise Angst vor Gefühlen habe, du aber hast noch eine größere Angst, nämlich überhaupt vor dem Leben, wie es wirklich ist. Du hast schon Angst vor seinen täglichen Anforderungen, geschweige denn seinen unerbittlichen Notwendigkeiten.

Na gut. Nehmen wir einmal an, dass wir beide Ängste haben, nur unterschiedlich gelagert. Die könnten wir doch durchaus als eine der Konditionierungen betrachten, von denen vorhin die Rede war. An die wollen wir uns doch gezielt heranmachen, um sie zu erkennen und aufzulösen, soweit es eben geht, oder? Man hört doch immer wieder, jeder Einzelne müsste sich auch seinen dunkelsten Ängsten und schrecklichsten Dämonen stellen, wenn er sich wirklich kennenlernen will. Was meinst du? Wollen wir das gemeinsam riskieren? Du und ich in der Unterwelt? Oder hast du Angst vor der Angst?

So ein Schwachsinn! Willst du mich jetzt auch noch mit in deine dunklen Angst-Abgründe hinunterziehen, mich weichklopfen, bis ich nach deinem Leichtsinn lechze?

Nein, ich habe nur Gutes für uns im Sinn. Es ist so: Mir kommt zunehmend der Verdacht, dass unsere Ängste bei weitem eine größere Rolle spielen, als wir beide bisher angenommen haben. Vielleicht sind unsere Ängste sogar der Urgrund, warum wir nie wirklich aufeinander zugehen konnten?

Schon wieder eine neue Theorie? Vorhin war es noch unser Ego, oder besser, unsere verschiedenen Selbstkonzepte, die uns getrennt haben, und jetzt ist es plötzlich die Angst. Was kommt als nächstes?

Und was wäre, wenn sich sogar unsere falschen Selbstbilder nur von unseren Ängsten nähren? Wenn die Angst, egal welche, unser eigentlicher dunkler Despot wäre?

Kapitel 9
Die Angst

Das glaub ich nicht. Angst gehört unvermeidlich zu unserem Leben dazu, genauso wie ein gesundes Ego. Angst ist ein nützliches urmenschliches Gefühl, ein ganz normaler Instinkt. Sie ist nicht unser innerer Despot, sondern im Gegenteil unsere innere Alarmglocke. Das, was du unter Angst verstehst, ist bloß Ausdruck eines gestörten Verhältnisses zu sich selbst. Das hat mit gesundem Angstempfinden nichts zu tun.
Überhaupt keine Angst empfinden zu können wäre unnormal und obendrein auch noch gefährlich. Zumindest mahnt sie uns immer wieder zu Vorsicht und Aufmerksamkeit. In dieser Hinsicht bist du natürlich völlig angstfrei, hab ich recht?

Sehr witzig! Aber bei einem muss ich dir zustimmen: Die Angst ist zu allererst ein natürlicher Instinkt, der uns überleben hilft. Trotzdem ist diese gesunde Grundangst nur ein ganz kleiner Teil eines viel größeren Spektrums von Ängsten, einer Vielzahl von kontraproduktiven Gefühlsregungen in unserem Hirn. Da läuft sicher auch bei uns zwei einiges ab, was uns absolut nicht leben hilft, im Gegenteil. Aber wenn meine Überlegungen in diese Richtung gehen, hat das für dich auch schon eine Tendenz zum Krankhaften, oder?

Ja natürlich! Da hast du eindeutig ein Rad ab.

Moment, so einfach darfst du dir das aber nicht machen! Du wirst mir sicher rechtgeben, dass der Mensch immer schon eine breite Palette von verschiedenen Ängsten hatte. Ob sie jetzt immer berechtigt, gesund oder normal waren, ist sicher zu bezweifeln und müsste man fallweise genauer unter die Lupe nehmen. Mit deiner holzschnitzartigen Vorstellung wirst du den psychologischen Tiefen des Menschen jedenfalls sicher nicht gerecht. Hatte der Mensch in früheren Zeiten noch Angst vor Donner und Blitz, vor wilden Tieren, Dämonen und rächenden Göttern, müssen wir heute vor ganz anderen Dingen Angst haben. Vor uns selbst am meisten.

Ganz genau. Das trifft für dich den Nagel auf den Kopf. Hab ruhig ein bisschen Angst vor dir, das würde *meine* durchaus berechtigten Ängste vermindern helfen. Von dem ganzen anderen irrationalen, neurotischen Zeug zu reden, mit dem sich manche den Kopf zumüllen, ergibt für mich keinen Sinn. Weißt du, auch ich kenne die stupiden Ängste der Leute, ich sehe sie jeden Tag: Sie haben Angst vor Spinnen, Käfern und Mücken, vor der Dunkelheit, vor Aufzügen und zu engen Räumen, vor Menschenmassen und zu hohen Terrassen, sie haben Angst, sich zu blamieren und die Kontrolle zu verlieren … und was weiß ich, was noch für Verrücktheiten. Alles Ängste, die sie sich selbst in heilloser Verwirrung zugelegt haben. Alles Gespenster. Und in dir geistern sie auch herum. Aber gerade das, wovor du wirklich Angst haben solltest, macht dir keinen Kopf.

Ja, natürlich! Na warte! Wer geistert denn am helllichten Tag wie ein Gespenst durch den Stadtpark und hängt sinn- und geistlos auf einer Parkbank herum? Na? Ich hingegen bin auch mal geistreich und vergeistige geistesgegenwärtig meine Begeisterung für den Geist der Dinge in geistvollen Diskursen – trotz geistloser Gesprächspartner.

Ich geb mir die Kugel! So viel geballten Geist hält kein Mensch in nüchternem Zustand aus. Oh, großer Geist, komm auch über mich, auf dass ich diesen geisteskranken Geisterfahrer ertrage, der redet, als hättest du ihm stattdessen Weingeist verabreicht – oha, der Geist wirkt schon! Ich hab's: Du bist der Flaschengeist. Oder nein, doch eher nur die Flasche. Du brauchst tatsächlich einen Exorzisten. Und wenn es so weiter geht, ich auch. Brr, was bist du für ein kranker Geist! Langsam bekomme ich tatsächlich Angst. Vor dir.
Du hast mich mit deinen Verrücktheiten das ganze Leben auf Trab gehalten. Ständig musste ich dich irgendwo aus dem Sumpf ziehen, in den du dich auf deiner geistreichen Flucht vor dem Ernst des Lebens geflüchtet hattest. Schluss damit!

Sorry, aber in viele Ängste hast erst du mich hineingetrieben.

Ach ja? Wie denn bitteschön?

Na, all diese Dinge, die du mir jahrelang suggeriert hast: Pass auf! Das würde ich lieber nicht tun! Das gelingt dir eh nicht! Tu dies nicht, tu das nicht… Ich könnte ewig so weitermachen. Geben wir es doch endlich zu: Wir haben doch beide lange Zeit vor lauter Angst voreinander gar nicht mehr gelebt! Das kann's doch auch nicht sein, oder Ernst? Wollen wir unsere Ängste nicht endlich über Bord schmeißen und zu leben beginnen? Ich bin bereit.

Weißt du, was dein Problem ist? Du schiebst deine Lebensangst nicht nur auf mich allein, sondern du tust auch so, als ob die Angst einfach verschwindet, wenn du nicht an sie denkst! Aber sie verschwindet nicht, nur weil du dir wünschst, sie soll verschwinden. Sie verlagert sich nur dorthin, wo sie nicht hingehört. Du solltest sie endlich als reales Element dort platzieren, wo sie Sinn macht und als nützliches Instrument nutzen wie ich. Aber was rede ich, du warst schon immer ein solcher Hosenscheißer, dass du sogar der natürlichen Grundangst keinen Platz in deinem Leben zugestehen konntest. Du hattest schon immer die Tendenz, jeder Verunsicherung auszuweichen, sie zu überspielen oder zu betäuben. Und wenn du die Situation gar nicht mehr vermeiden konntest, vor der du Angst hattest, hast du versuchst, sie dir durch irgendeine Kopfakrobatik zahnlos zu machen. Das sind deine Tricks, um dich nicht mit der eigentlichen Wahrheit und deiner Schwäche auseinandersetzen zu müssen. Du weißt genau: Würdest du das tun, würde es dir Schmerzen bereiten und du müsstest bestimmte kindhafte Verhaltensmuster ändern – und beides wolltest du nicht. Weil das aber zum Erwachsenwerden dazugehört, wolltest du auch nie erwachsen werden. Du wolltest ein naiver Schöngeist und Träumer bleiben. Und du möchtest alles noch heute so einfach wie möglich. Du suchst nach wie vor nach einem Schalter, den du nur umzulegen brauchst, um für den Rest deines Lebens kindlich-unbeschwert überall drüberzusurfen, wo es brenzlig wird. Und deine Ironie und dein ganzes gescheites Gerede waren immer die beste Möglichkeit, deine Angst unter den Teppich zu kehren. Gleichzeitig behauptest du aber, die Angst loswerden zu wollen. Wegreden willst du sie! Das ist doch reiner Selbstbetrug! Ich mach da nicht mehr mit!

Hört, hört, wer da spricht! Du versteckst dich doch genauso, nur woanders. Sobald die Lebenslust mit all ihrer Verspieltheit und Unberechenbarkeit an die Oberfläche zu kommen droht, beginnt deine Angst-Abwehr. Du wirst „vernünftig". Und schon hast du die perfekte Ausrede, deinen Hintern nicht von deiner trübsinnigen Bank heben zu müssen. Erst recht, wenn bei dir Gefühle hochkommen, die werden sofort unterdrückt, weil du Angst hast, dich freizustrampeln und eine entscheidende Veränderung herbeizuführen. Besonders die Liebe siehst du als gefährlich an, weil sie einfach nicht zu kontrollieren ist. Du willst immer alles mit deiner verdammten Logik erklären, aber das Leben ist nun mal nicht logisch. Es ist absolut unlogisch. Und du durchkaust jeden Tag mit einer fast masochistischen Hartnäckigkeit ausschließlich sämtliche unerfreulichen Begebenheiten, um für das nächste Mal noch besser gewappnet zu sein. Deshalb legst du deine Aufmerksamkeit immer nur auf das Negative! Dermaßen auf einem Auge blind macht doch nur die Lebensangst pur.

Aber das war nicht immer so. Kannst du dich noch

daran erinnern, wie wir als Kind durch die Tage und Stunden gehüpft sind, als wäre der ganze Planet eine riesengroße Spielwiese? Da hatten wir beide noch den Kopf voller Ideen, auch du Ernst. Unsere Lebendigkeit und Fröhlichkeit, unsere Neugier und Unschuld, wo sind sie geblieben? Das muss doch alles noch da sein! Das kann doch nicht einfach verschwunden sein!
Spürst du denn nicht auch dieses heimliche Verlangen nach Lebendigkeit? Gib ihr doch einfach eine Chance! Sie wartet doch nur darauf, in dir wiedererweckt zu werden.

Aha. Und du wärst jetzt gern der Wecker, hab ich recht? Du *gehst* mir zeit unseres Lebens auf den Wecker! Aber damit ist jetzt Schluss, das sag ich dir!

Ja doch, Ernst, damit ist jetzt wirklich Schluss. Das hab ich dir versprochen und ich gebe mir auch alle Mühe, das kannst du mir glauben.
Eigentlich schon kurios, dass wir uns gegenseitig unsere Ängste vorwerfen. Können wir uns nicht darauf verständigen, dass wir beide ziemliche Angst vor Veränderung haben, nur eben jeder auf seine Art? Das kommt in den besten Familien vor, warum nicht auch bei uns, liebes Bruderherz?

Kann ja sein. Aber ich bin wenigstens auf der Hut, ich verbanne die Angst nicht aus meinem Leben wie du und bin mir der Gefahren bewusst. Wenn man die Angst krampfhaft loswerden will, dann verstärkt man sie nur.

Am letzten Satz könnte durchaus was dran sein. Andererseits: Wenn man der Angst zu viel Raum gibt, dann werden auch die Zweifel an sich selbst und den eigenen Fähigkeiten noch größer. Je mehr wir der Angst Aufmerksamkeit schenken, desto mehr Energie raubt sie uns. Wie viele Dinge haben wir in unserem Leben nicht getan, Ernst, bloß weil auf dem Weg dahin Gefühle aufgetaucht sind, die uns Angst gemacht haben, jedem von uns eine andere. Hei, ich hab's: Wir könnten doch statt der Angst das Positive in unserem Leben verstärken, indem wir *ihm* mehr Aufmerksamkeit geben! Was hältst du davon Ernst?

Und wenn da grad nichts Positives ist, was dann?

Das kann gar nicht sein! Du sagst einfach nie „JA" zum Positiven, das ist das Problem. Du sortierst es aus. Du bist nicht dankbar, nicht demütig genug.
Kannst du dich noch daran erinnern, wie wir über den Sinn des Lebens gesprochen haben? Schon die Tatsache, am Leben zu sein, ist doch etwas durch und durch Positives! Also kann es niemals nichts Positives geben. Wahrscheinlich findet man nur das, worauf man seine Aufmerksamkeit lenkt. Und darüber entscheiden wir ganz alleine. Niemand zwingt uns dazu, vor etwas Angst zu haben.
Und trotzdem gebe ich zu, dass die Angst ein wichtiger und notwendiger Begleiter ist, ja, ein nicht wegzudenkender Faktor unserer Entwicklung, und dass man dieses Alarmsignal auf keinen Fall abstellen sollte. Aber wir dürfen auch nicht so weit gehen, uns von der

Angst das ganze Leben vermiesen zu lassen. Angst kann uns Tag für Tag schwach fühlen lassen. Sie kann uns einengen, runterziehen, ohnmächtig machen, ja, lähmen – und jegliche Freude und Zuversicht in uns zerstören.

Angst entsteht wohl, genauso wie das Ego, aus gespeicherten Erinnerungen. Das traumatische Erleben eines Ereignisses, eines großen Misserfolgs oder einer schweren Enttäuschung: Das sind die eigentlichen Ursachen neurotischer Ängste. Genauso sind sie der Auslöser, weshalb wir Situationen als besonders „gefährlich" ansehen. Wir integrieren sie in unser Betriebssystem und so rechnen wir ständig mit der Möglichkeit einer Wiederholung dieser schlimmen Erfahrung, haben Angst vor einer erneuten Konfrontation. Diese Vermeidungsstrategien spielen wir dann wieder ein Leben lang im Autopilot-Modus ab, ohne es überhaupt bewusst mitzubekommen. Wir bauen sie tief in unser emotionales Gedächtnis ein, um ja nie wieder durch ähnliche schreckliche Erlebnisse den Boden unter den Füßen zu verlieren.

Tut mir echt leid, wenn ich dir das schon wieder sagen muss: Aber dein ganzer Ernst zerstört so viel Schönes und Lebendiges. Es geht doch nicht darum, wer sich von uns beiden am besten totstellen kann. Es geht darum, wieder lebendig zu werden. Komm schon, Ernst, einigen wir uns doch endlich: Ein gesundes Angstgefühl ist wichtig und richtig. Eine verdrängte oder übersteigerte Angst ist einfach nur schlecht. Und je mehr wir sie mästen, desto mehr nimmt sie uns in Besitz. Und sie wird so zu einem Teil von uns, dass wir sie gar nicht mehr loslassen wollen, ohne auch davor Angst zu kriegen. Denn je mehr wir uns mit etwas identifizieren, desto mehr Angst haben wir, es zu verlieren. Wie schon Meister Yoda zu sagen pflegte: Furcht ist der Pfad zur dunklen Seite. Furcht führt zu Wut, Wut führt zu Hass, Hass führt zu unsäglichem Leid. Die Furcht vor Verlust ist ein Pfad zur dunklen Seite – oder so ähnlich.

Das einzige Gegenmittel, das uns zur Verfügung steht, ist also die Liebe. Sie gibt uns Mut und Kraft, gegen ihr Licht sieht die Angst dumm aus der Wäsche.

Zitierst du jetzt im Ernst dieses grüne Männchen aus den „Star Wars"- Filmen?

Ja, genau. Meister Yoda. Er, oder die Schreiber dieser Sprüche, haben es doch ziemlich genau auf den Punkt gebracht, findest du nicht? Wenn wir negative Erfahrungen überinterpretieren, werden sie zu destruktiven Ängsten und fühlen sich mit der Zeit an wie ein enges, dunkles Netz. Und alles was wir mit aller Kraft in Schach halten wollen, staut sich irgendwann in uns auf. Dadurch baut sich innerer Druck auf und Druck braucht ein Ventil, um zu entweichen. Und hier bringe ich wieder Meister Yoda ins Spiel: Wut und Hass sind aufgestaute Energie aus unterdrückten Ängsten. Vertrauen und Liebe hingegen bringen Weite und Leichtigkeit, Friede und Freiheit.

Aha. Eine verlockende Aussicht, aber mir fehlt immer noch ein konkreter Vorschlag, wie wir es besser machen könnten als bisher. Wenn du Recht hast, sind wir beide Nieten im Angstmanagement, eine Doppelnull mit doppelt falschem Zugang. Kann man das so sagen?

Wunderschön und sehr treffend gesagt! Ich wiederhole meinen Vorschlag: Wir könnten versuchen, Gegenkräfte gegen die Angst zu entwickeln: Mut, Vertrauen, Erkenntnis, Demut, Liebe – keine Ahnung... So wie wir die Ängste in uns „gelernt" haben, so müssten wir sie auch wieder verlernen können, uns klar machen, dass sie nicht durch eine bestimmte Situation entstehen, sondern dadurch, dass wir diese Situation als gefährlich kategorisierten und ein Warnsystem installiert haben, das übertrieben sensibel reagiert. Teilweise braucht es da noch nicht einmal einen konkreten Angst-Anlass; schon ein ängstlicher Gedanke oder der Hauch von Gefahr verursachen Warnstufe rot. Und ich renn davon, du erstarrst zur Salzsäule.

Das klingt einleuchtend, Respekt. Aber müssen wir jetzt auch noch vor unseren Gedanken Angst haben?

Das nicht, Ernst! Aber ernst nehmen müssen wir sie schon! Da muss jeder von uns zwei in Zukunft etwas achtsamer sein. Ich habe irgendwo einen schönen Spruch dazu gelesen: „Achte auf deine Gedanken, denn sie werden Worte. Achte auf deine Worte, denn sie werden Taten. Achte auf deine Taten, denn sie werden zu Gewohnheiten. Achte auf deine Gewohnheiten, denn sie werden zu deinem Schicksal." Schön, nicht?

Schön, schon, ja. Aber mit Sätzchen vorsagen, wie du es gewohnt bist und sich damit der Angst stellen wollen, ist ja noch nichts getan. Wenn sich von Angesicht zu Angesicht der Ängstliche dann vor Angst in die Hosen macht, was dann? Wenn dir das Blut in den Kopf schießt, dir die Knie schlottern und du nur noch ans Weglaufen denkst, was nützen dir deine Sprüchlein? Sagst du sie der Angst dann auf? Oder glaubst du, die Angst spricht: „Huhuu, ich bin die Angst! Hab doch keine Angst vor mir!"... und der Angsthase antwortet im Brustton der Überzeugung: „Neeiiin, ach woher denn! Ich hab doch keine Angst vor dir! Wer wird denn vor dir Angst haben? Du bist doch so eine süße, kleine Angst ... komm her und lass dich streicheln!"

Hi, hi, eine witzige Vorstellung... Respekt meinerseits! Und was wäre, wenn wir das wirklich täten? Die Angst einfach nicht erst nehmen?

Das gleicht dir wiedermal! Du schnappst nach jeder verführerischen Idee! Egal, wie absurd sie ist, Hauptsache, sie hat einen Reiz für dich. Da möchte ich dich dann sehen, wenn sich eine deiner Ängste furchterregend und meterhoch vor dir aufbaut! Deine Lieblingsstrategie war es eh immer, sie mit so viel Theorie und Blabla einzudecken, bis sie von allein abhaut – um dann sofort wiederzukommen, wenn du endlich deinen Mund hieltest... Und von vorne ging das Ganze los.
So kannst du dich deinen Ängsten nicht stellen! Du solltest beginnen zu handeln, anstatt immer nur vor dich hin zu plappern. Denn eines ist gewiss: Ob du nun etwas tust oder nicht, die Angst hast du trotzdem. Du solltest endlich mal erleben, dass du die Angst aushalten kannst. Wenn du das schaffst, wenn du dann die Angst in dir bewältigst, ist das ein Sieg, der uns beide stärker machen kann.

Das stimmt. Die Hosen voll zu haben und trotzdem was dagegen zu tun, wäre die perfekte Strategie – jedenfalls weitaus besser als antriebslos-resigniert herumzusitzen, nicht wahr Ernst? Verzeih, diese Retourkutsche war fällig. Aber im Ernst: Am Ende sind die Dinge vielleicht gar nicht mal so schlimm, wie sie uns oft erscheinen? Deshalb solltest du dich auch mal trauen, deine Wünsche wahrzunehmen, sie dir zuzugestehen. Sei doch ehrlich: Du steckst doch auch voller übertriebener Ängste und Sorgen. Dein größtes Manko ist dein Mangel an Vertrauen in das Leben und die Menschen. „Ver-trauen" und „sich trauen" haben nicht umsonst den gleichen Wortstamm, Ernst! Und wenn du Vertrauen in eine Sache oder einen Menschen hast, kannst du doch nicht gleichzeitig so viel Angst davor haben, dass du dich nicht drantraust. Vielleicht ist das Schreckliche überhaupt im Grunde nur die Hilflosigkeit in uns selber?

Hm ... Trauen ... Vertrauen – da muss mir tatsächlich irgendwann etwas abhandengekommen sein, das kann ich eventuell nicht leugnen. Aber das ist kein Wunder. Ich wüsste einiges, was durchaus dazu geeignet ist, mich so grundlegend vor dem Menschen und seinen Spielchen, die er Leben nennt, abzuschrecken!

Wie schön, dass du das endlich zugibst, Ernst. Du traust dich ja doch was. Und du ver-traust *mir*, oh, Ernst, lass dich drücken ... äh, ja, geht ja nicht...
Eigentlich wäre doch genau das der Urgrund jeder Religion, nämlich der, dass der Mensch Vertrauen gewinnt, Sicherheit erlangt und somit seine Angst

überwinden kann!

Dazu brauch ich keine Religion.

Das stimmt. Dazu braucht man tatsächlich keine Religion, aber einen Glauben, den braucht man.

Und was, wenn jemand an gar nichts glaubt? Wie ich?

Der Glaube ist eine innere Entscheidung, Ernst. Jeder hat ihn, jeder kann ihn aber auch innerlich ablehnen. Ich bin fest davon überzeugt, dass alle Angst verschwindet, wenn man mit Gottes Liebe in Verbindung ist. Was hältst du davon, bei unserer Diskussion auch Gott ins Spiel zu bringen?

Gar nichts…

Aber glaubst du denn nicht wenigstens ein klein wenig an Gott oder wie immer man ihn/sie/es nennen mag?

Kapitel 10
Gibt es Gott?

Natürlich glaube ich an diesen sogenannten Gott. Er ist ein alter Mann, mit weißem Bart, sitzt auf einem schönen Thron im Himmel und schaut auf uns runter. Aber nur bei schönem Wetter, sonst versperren ihm die Wolken die Sicht. Wenn er zornig ist, schickt er Blitze und wenn er gut drauf ist, gibt es 30 Grad im Schatten.

Wirklich beeindruckend Ernst. Und wie ernährt sich Gott, wenn er den ganzen Tag bloß rumsitzt und Erden-TV guckt?

Na, dazu hat er die Heerscharen der Engel, die für ihn kochen, waschen, bügeln und ihm Banketts mit Fisch, Fleisch und Obst servieren. Seit dem Jahr 2000 geht leider alles drunter und drüber, denn Gott ist müde geworden, liegt nur mehr faul auf seinem Speisesofa und lässt sich von aufgestiegenen Meistern und Lichtwesen die Füße massieren. Jesus, sein Sohn, ist Workaholic und stets am Helfen, während Buddha ein Ehrenplatz an Gottes Seite zuteilwurde, nur weil er seine Lehre nie als Religion verkauft hat.

Du bist zum Schreien, Ernesto! Das ist ein überaus interessantes Konzept, das du da hast. Aber jetzt mal im Ernst: Glaubst du denn überhaupt an keine höhere

Macht, ein Jenseits, an einen Schöpfer, an irgendwas?

Hör zu! Ich verrate dir jetzt mal was, aber du musst es echt vertragen.

Nur zu Ernst, das tu ich.

Also gut: Wenn unser Herz aufhört zu schlagen, sind wir mausetot, weg vom Fenster, hinüber, hasta la vista baby, aus, Ende, Feierabend, das war's, da kommt nichts mehr! Oder sollte ich sagen: Klar gibt es einen Gott und ein Jenseits. Wir werden vom Fährmann abgeholt, schenken ihm die zwei Goldmünzen, die man am Sterbebett auf unsere Augen gelegt hat ... und ab geht's ins Märchenland! Was spielt das denn für eine Rolle? Und für wen ist das von Bedeutung?
Komm schon: Sage ich: „Ja, es gibt ein Leben nach dem Tod", bin ich ein abgehobener Esoteriker, ein religiöser Spinner oder einer dieser Leute wie du, die partout an eine höhere Bestimmung glauben *wollen*, bloß um mit dem realen Leben besser zurechtzukommen. Glaube ich nicht an Gott oder ein Jenseits, bin ich ein egozentrischer Atheist, der keinen Sinn für die Liebe und das Göttliche im Menschen hat und keine Verantwortung übernehmen will.

Jetzt bin ich aber etwas enttäuscht von dir. Ich dachte, du machst dir nichts aus Meinungen anderer? Die Essenz eines Menschen ist doch nicht seine fleischliche Hülle, sondern die darin wohnende, unsterbliche Seele. Oder glaubst du, dass der verschrumpelte Körper von Tante

Paula im Jenseits noch eine Rolle spielt?

Nein. Da spielt überhaupt gar nichts mehr eine Rolle, aus dem einfachen Grund, weil es für mich kein Jenseits und keinen Gott gibt!

Du glaubst also weder an Gott noch an ein Weiterleben unserer Seele? Du glaubst tatsächlich, dass es nur diese eine Chance, dieses eine Leben gibt?

Kannst du mir das Gegenteil beweisen?

Beweisen? Nein, es gibt keine Beweise, um die Existenz Gottes zu belegen, wenigstens noch nicht. Umgekehrt ist es aber auch nicht möglich zu beweisen, dass es keinen Gott gibt. Also stehen die Chancen fifty-fifty. Fairerweise müsste man also weder das eine noch das andere ausschließen. Also Ernst, komm du mir jetzt ein Stück entgegen. Hier geht es um eine höhere Ebene der Existenz, zu der wir weder mit unseren fünf Sinnen noch mit unseren ganzen technischen Errungenschaften Zugang haben. Alle suchen immer nach Beweisen, weil nicht sein kann, was man nicht findet. Für unseren Intellekt ist das Konzept von Gott oder einem Jenseits genauso unergründlich wie die Frage nach der Liebe. Glaub mir, das können wir nicht mit unserem Verstand begreifen, da braucht es schon was anderes. Gott ist einfach zu groß, als dass wir ihn mit unserem Geist oder Intellekt begreifen können. Gott steht über der Verstandeskraft. Er hat sie nämlich erschaffen.

Woher nimmst du nur immer diese Sachen. Ich kann nichts Großes sehen! Das Einzige, was ich mir jeden Tag anschauen muss, ist eine torkelnde Welt voller Aufziehpuppen. Eine davon bist du.

Vielen Dank! Auch wenn dein geistiges Fassungsvermögen zu begrenzt ist, kannst du Gott dennoch fühlen. Dazu braucht es lediglich ein gewisses Fassungsvermögen im Herzen und das hast du, das weiß ich. Denn ich kenne *mich*, hihi! Gottes Gegenwart zu fühlen oder sie gedanklich zu ermessen, sind doch zwei total verschiedene Erfahrungen, Ernst. Man muss schon die gewöhnliche Geisteskraft erweitern, um mit dem überbewussten Geist in Berührung zu kommen.

Aha, da geistert es aber wieder gewaltig in deinem Gespensterwald. Sag mal, muss ich denn zwangsläufig an etwas glauben? Willst du jetzt wieder solange auf mich einreden, bis ich dran glaube?

Um Gottes Willen, nein! Ich kann nur einfach nicht verstehen, wie man an gar nichts glauben kann. An nichts zu glauben ist doch ein Ausdruck tiefer menschlicher Verzweiflung und mit Kapitulation gleichzusetzen. Menschen, die sich ganz der Sinnfrage entziehen, sind doch einfach nur verzweifelt, auch wenn sie das nie zugeben würden.

Findest du?

Ja, finde ich. Man erlischt doch als Person, wenn man

ohne Sinnbewusstsein auf dieser Welt ist. Im Übrigen ist doch das Leben an sich schon Schöpfungsbeweis genug, das hatten wir doch schon mal. Komm schon, Ernst, glaubst du denn nicht bloß ein klein wenig an Gott?

O Mann, du kannst wirklich hartnäckig sein! Nein! Ich glaube zumindest nicht, dass ich an ihn glaube! Ok?

Heißt das, da ist doch noch ein Restzweifel in dir? Das ist ja großartig Ernst!
Dann gibst du dem Glauben, der Liebe und der Hoffnung also doch noch eine Chance!

Was? Geht's noch? Schmink es dir ab! Zieh deine Krallen aus meinem Fleisch!

Weißt du was, Ernst? Mir fällt gerade ein, dass ich eine wunderschöne Geschichte, eine alte indische Erzählung kenne, die von der Suche nach Gott handelt. Das würde doch hervorragend zu unserem Thema passen. Hast du Lust? Soll ich sie dir vorlesen?

Nein danke. Ich stehe nicht auf Geschichten und schon gar nicht auf indische Märchen. Mir sind deine schon zu viel.

Jetzt komm schon. Ich würde sie selbst gern nochmal lesen. Und es wäre toll, wenn du dich dabei nicht ausklinken würdest. Bitte Ernst! Schau mir in die Augen: Hundeblick?

Uff. Also meinetwegen. Wenn du dir was davon versprichst, bitteschön. Dafür habe ich für ein Weilchen vor deinen manipulativen Fragen meine Ruhe.

Danke Ernst! Dann schaue ich mal, wo das Buch steckt. Bin gleich wieder zurück!

… zwei Minuten später …

So, jetzt mach's dir bequem. Sitzt du gut? Ach so, ja, also mach *ich* es uns bequem, geht es so gut?

Jetzt fang schon an! Desto früher bist du fertig. Vielleicht kann ein anderer auch besser Geschichten erzählen als du…

Kapitel 11
Rea und die Suche nach Gott

Ok. Also:
Rea ging sieben Tage, um zur Höhle des heiligen Mannes zu gelangen. Devandra, ein bekannter Shadu aus dem Lapchi Tal, lebte unweit der tibetischen Grenze, auf nahezu 3600 Höhenmetern, in einer kleinen Höhle. In dieser kargen Berggegend hatte bereits Rinpoche und der heilige Poet Milarepa meditiert. Rea durchquerte malerische Bergdörfer, wunderschöne Reisterrassen, dutzende von Tempelanlagen und atemberaubende Täler. Als er im Tal der Shadus eintraf, wiesen ihm ein paar Dorfbewohner den Weg. Bald fand er Devandra, etwas abseits, in seiner Höhle. Er war alt, hatte aber seinen Körper so unter Kontrolle, dass er offenbar gegen die Kälte immun war: Halbnackt begrüßte er Rea – so als hätte er ihn bereits erwartet. Dann zeigte er ihm einen Schlafplatz in seiner Höhle: Eine dünne Hanfmatte und eine warme Decke.

Am nächsten Morgen hatte Devandra bereits Feuer gemacht und brachte Rea einen heißen Brennesseltee. Dann setzten sie sich vor die Höhle und Rea begann von seinem Kummer und all dem Leid, das ihm widerfahren war, zu berichten. Der weise Mann hörte Rea aufmerksam zu und stellte schließlich eine Frage: „Was meinst du finden zu wollen, was du nicht schon längst in dir trägst?"
„Ich habe Gefühle", antwortete Rea, „ich sehe das Leid

der Menschen, ihre Angst und Schmach. Sie sind Sklaven. Wie kann ein liebender Gott das zulassen?"

„Diese Bürden hat sich die Menschheit selbst auferlegt", erwiderte Devandra. „Der Mensch hat sich seine eigene Hölle erschaffen. Er hat sich von Gott abgewandt und alles nur mehr auf seinen eigenen Willen gerichtet."

„Aber das ist doch nicht wahr", entgegnete Rea zornerfüllt. „Dieser Ort, dieser ganze Planet ist auch ohne die Menschen voller Leid und Schrecken! Ich sah zwei Bäumchen in meinem Garten", fuhr Rea fort, „eines war gesünder, das andere schwächer. Die Wurzeln des stärkeren Bäumchens erstickten die des anderen, indem es sie einfach überwucherte und ihnen Lebenskraft abzog. So ergeht es allen Lebensformen auf diesem Planeten. Das Leben ist ein reiner Überlebenskampf, in dem nur das Gesetz des Stärkeren gilt. Das ganze Universum ist emotionslos, nur wir sind Wesen mit Emotionen und müssen in dieser barbarischen und unbarmherzigen Umgebung zurechtkommen! Gott hat uns hier alleine gelassen und alle wollen an ihn glauben und beten ihn an! Ist das nicht absurd? Wir sind Gefangene unseres Körpers! Alles ist voller Widersprüche! Kein liebender Gott würde so etwas zulassen!"

„Du hast recht", erwiderte Devandra ernst, „diese Welt kann tatsächlich grausam sein."

Rea liefen Tränen übers Gesicht. Tränen der Verzweiflung. „Warum tut uns Gott das an? Warum lässt er uns so leiden?"

Devandra sah Rea tief in die Augen und sagte: „Wie würdest du dir eine Welt vorstellen, in der es dir gut geht?" „Nein", unterbrach ihn Rea, „es geht nicht nur um mich! Es geht um die gesamte Menschheit!"

„In Ordnung", erwiderte Devandra, „du bist mitfühlend. Also, wie würdest du dir – stellvertretend für alle – eine schönere und bessere Welt vorstellen?" Rea schwieg und dachte nach. Schließlich antwortete er: „Ich wünschte, alle Seelen wären miteinander verbunden, sodass keiner mehr vom anderen Abschied nehmen müsste. Wenn ich Gott wäre, hätte ich festgelegt, dass jedes Lebewesen seine Bestimmung kennt. Als göttliches Wesen wäre ich allen Seelen ein Wegweiser und würde sie durch die Dunkelheit führen. Aber *er* tut nichts dergleichen! Ich habe den Glauben an Gott verloren, Devandra! Ich bin gekommen, um dich zu fragen, ob es Gott tatsächlich gibt. Kannst du mir diese Frage beantworten?" Der weise Mann lächelte sanft und sprach: „Ich sehe, du bist intelligent und hast sehr viel Fantasie, das ist gut. Aber was wäre, wenn ich dir sagen würde, dass es deinen Gott nicht gibt?"

Als Rea das hörte, schrie er den alten Mann an: „Warum könnt ihr heiligen Leute auf Fragen nie klare Antworten geben! Warum müsst ihr immer Gegenfragen stellen oder in Gleichnissen sprechen!"

Da wurde Devandra plötzlich sehr ernst und erwiderte mit entschiedener Stimme: *„Es gibt deinen Gott nicht!"*

Daraufhin schloss Devandra seine Augen und schwieg, aber seine Worte hatten Rea wie ein Dolch ins Herz getroffen und er brachte kein Wort mehr heraus. Als Devandra seine Augen öffnete, war sein Blick wieder warm und herzlich. Rea konnte nicht glauben, was er gerade gehört hatte und er sagte mit zitternder Stimme: „Wie kannst du sagen, dass es Gott nicht gibt? Wie ist dann das Universum entstanden?" Der alte Mann zuckte nur mit den Schultern und erwiderte: „Du kennst die Antwort." Rea war verwirrt: „Ich bin den weiten Weg hierhergekommen, weil ich gehört habe, dass du Gott kennst. Bist du etwa bloß ein Betrüger?"

„Ich habe nicht gesagt, dass ich nichts über Gott weiß", antwortete der Alte, mit einem Lächeln auf den Lippen. „Ich habe nur gesagt, dass es *deinen* Gott nicht gibt. Gott, wie du ihn dir vorstellst, gibt es nicht." „Oh nein", antwortete Rea, „ich habe keine Vorstellungen mehr von Gott, davon habe ich mich schon lange befreit. Ich bin bloß Zeuge davon, wie er uns alle leiden lässt!"

„Nein", erwiderte Devandra, „du hast große Vorstellungen von Gott und glaubst, dass du dich ihrer entledigt hast, aber das ist ein Trugschluss. All die Jahrtausende alten Lügen über Gott stecken noch tief in dir. Du kommst hierher und fragst, warum Gott das alles zulässt. Aber du hast doch selbst schon so viele Antworten darauf gefunden, wozu brauchst du mich? Gott ist unbarmherzig und grausam und du bist dir sicher, dass es ihn gibt, andernfalls könnte er nicht all die Eigenschaften besitzen, die du ihm zuschreibst. Das sind überaus große Vorstellungen."

„Mag sein", erwiderte Rea, „all die spirituellen Lehren sind voll von hoffnungsvollen Verheißungen, die mir inzwischen allesamt als pure Illusion erscheinen. Menschen leiden und sterben, das ist die Wahrheit. Menschen müssen ihre Liebsten in den Tod gehen lassen, manchmal sogar ihre Kinder, und keiner weiß, wohin sie gehen! Ist das nicht furchtbar? Ich bin es so leid, Devandra!"

„Ich kann deinen Kummer verstehen", antwortete

Devandra, „aber es sind große Fragen, die du stellst. Fragen, die ich dir mit Worten nicht beantworten kann. Du musst es selbst erfahren, um es zu verstehen. Ich kann dir den Weg weisen, aber dir mit Worten sagen, wer Gott ist, kann ich nicht!"

„Warum nicht!", erwiderte Rea, „warum ist es so schwierig Gott zu finden?"

„Es ist gar nicht so schwierig, wie du denkst. Gott ist in allem, aber er selbst ist nichts Gegenständliches, so wie du in deinem innersten Wesen nichts Gegenständliches bist. Gott ist so nahe, dass du ihn nicht sehen kannst. Er umgibt und durchdringt dich.

Darf ich dir noch eine Frage stellen?"

„Aber natürlich, nur zu", erwiderte Rea.

„Weißt du eigentlich, wer DU bist?"

Einen Moment lang schwieg Rea verblüfft, dann antwortete er zögerlich: „Ich glaube, das weiß ich – und gleichzeitig doch wieder nicht…"

„Und wenn du mich fragen würdest, wer ich glaube, dass du bist, denkst du, ich könnte dir eine befriedigende Antwort darauf geben?" Wieder musste Rea nachdenken und spürte tief in sich hinein. „Ich glaube nicht", antwortete er schließlich.

Da lächelte Devandra und sprach: „Siehst du, dass dir niemand sagen kann, wer du bist? Du bist dein eigenes Universum und nur du kannst spüren, wer du bist. Genauso ist es mit Gott. Niemand kann dir erklären, wer Gott ist, du musst ihn, wie dich selbst, in dir spüren. Du kannst Gott nur als etwas Gegenständliches denken, etwas anderes kennt dein Gehirn nicht. Die Wahrheit über dich und Gott kannst du nur spüren, nicht denken.

Der Mensch hat sich abgewöhnt zu empfinden, er hat seinen Geist, seinen Intellekt über alles andere gestellt und sich von Gott getrennt. Aus diesem Grund wissen die Menschen oft nicht mehr, wer sie sind und schon gar nicht, wer Gott ist. Ich kann dir versichern, dass es Gott gibt, aber das nützt dir nichts. Du musst ihn selbst in dir erfahren. Trainiere dein Gespür, deine Intuition und du wirst ihn mit Sicherheit finden."

Rea hatte genau verstanden, was der alte Mann ihm sagen wollte, aber etwas ärgerte ihn immer noch: „Ich kann einfach nicht verstehen, weshalb Gott dieses Leid und all die Armut zulässt. Warum greift Gott nicht ein, wenn er sieht, in welcher Not wir uns befinden?" Der Alte schüttelte den Kopf und sagte: „Wie sollte Gott eingreifen, er ist keine Schutzmacht und besitzt auch kein Heer mit Tausenden von Soldaten. Die Menschen sind seine Soldaten und wenn sie alle Soldaten des Lichts wären und für das Gute einstehen würden, wäre die Welt heute nicht eine ganz andere?"

„Aber warum müssen wir so leiden? All die Krankheiten, die Trauer, der Tod, jede Trennung…"

Der alte Mann beugte sich etwas zu Rea vor und sah ihm tief in die Augen: „Du erträumst dir eine bessere Welt, aber vergisst, dass sich das ganze Universum im Schöpfungsprozess befindet. Es ist niemals vollendet. Innerhalb dieses Prozesses gibt es nichts ohne Entwicklung. Planeten entstehen, weil sie zu Planeten werden. Es ist unwichtig, wie lange dies dauert, denn es geschieht einfach. Pflanzen wachsen, sie sind nicht einfach da. Alles braucht Zeit und es braucht eben solange es braucht. Du bist ja auch nicht an einem Tag entstanden. Es wurde ein Samen gesät, Rea. Du schaust immer nur auf den aufstrebenden Stängel und stellst dir unentwegt vor, wie schön die Blüte sein könnte. Wenn du schon in Vorstellungen leben willst, dann stell dir lieber vor, wie schön sie sein wird. Das ist hoffnungsvoller – wenn auch nur eine Illusion. Du musst es dir selbst leichter machen, Rea, dafür hast du deinen Verstand. Sieh, du würdest heute nicht all deine Fähigkeiten besitzen, wenn nicht immer ein Entwicklungsprozess vorangegangen wäre. Das dauert, solange es dauert, es geschieht einfach. Alle Fortschritte des einzelnen Menschen und auch der Menschheit insgesamt sind Stationen eines Entwicklungsprozesses. Die Blume ist am Wachsen, sie kann gar nicht anders, auch der Mensch, aber jede Hürde, jedes Hindernis lässt alles Lebendige stärker werden. Und jedes Leid birgt Entwicklung in sich, fördert die Entfaltung. Und sieh den Menschen an und frage dich: Weshalb sollte er suchen und forschen, wenn es nichts zu erforschen und zu entdecken gäbe? Du gibst Gott die Schuld an allem, aber bist du auch bereit, deine eigene Verantwortung zu übernehmen? Gedanken haben eine große Macht, Rea, sei dir dessen bewusst. Aus ängstlichen Gedanken entstehen Krankheiten bis hin zu Veränderungen in der Zellstruktur. Dispositionen, die wir schließlich an unsere Kinder weitergeben. Sie müssen dann unsere Last weitertragen, wenn wir selbst schon nicht mehr sind. Wenn wir in der Angst und im Hass feststecken und Dinge nicht loslassen wollen, tun wir nicht nur uns selbst etwas an, unser Unglück zieht weite Kreise und reißt alles mit in den dunklen Schlund. Und dort ist der Ort, wo es Gott wirklich nicht mehr

„gibt", weil er nicht mehr spürbar ist, auch wenn er selbstverständlich keinen Ort und keinen Menschen flieht. Er ist immer in jedem von uns, egal, wo wir uns befinden, egal, was wir tun und denken. Das muss dir zu allererst bewusst sein, dass Gott nichts Äußeres, von dir Unabhängiges ist! Du bist Gott und er ist du, alles ist Gott. So lässt er sich auch nicht abschütteln, da kannst du ihn verneinen, wie viel du willst. Aber so hast du auch dieselbe Verantwortung, Gutes zu schaffen. Gott hat das Universum erschaffen, du erschaffst Häuser und Kunstwerke, du erschaffst Gedanken, die die Welt verändern, und aus *Seiner* Kraft kannst *Du* dich verändern. Übernimm Verantwortung! Lerne! Aus allem und von jedem! Du bist der Lehrer deines Nachbarn so wie er dein Lehrer ist. Du bist Vater und Lehrer deiner Kinder so wie sie deine Kinder und Lehrer sind. Nur weil deine Ahnen sich all die Fähigkeiten angeeignet haben, kannst du sie heute nutzen. Die Aufgabe, die dir in deinem Leben zuteilwird, ist die, dazu beizutragen, diese Blume, dessen Same einst gesät wurde, irgendwann in ihren schönsten Farben erblühen zu lassen. Auch du bist dafür verantwortlich. Du aber bist frustriert, weil du die Blüte nicht mehr erleben wirst, dafür aber hart arbeiten musst. Doch auch deine Vorfahren haben keine Mühen gescheut, Gottes Plan voranzubringen. Sei demütig. Die Menschheit ist noch jung und sie hat noch nicht verstanden, welche Verantwortung und welche Macht sie hat. Aber sie beginnt zu verstehen, jeden Tag ein wenig mehr. Und wer weiß, ob du in 100 oder 200 Jahren wiederkehrst, um deinen neuerlichen Beitrag zu leisten, diese Blume zum Erblühen zu bringen. Irgendwann wirst du sie vielleicht bewundern können und begeistert von ihrer Schönheit sein, aber darum geht es eigentlich nicht. Es geht um den Prozess, um das Leben selbst. Die Menschen rennen allen möglichen Zielen nach und wenn sie sie dann erreicht haben, sind sie nicht zufrieden. Denn die Menschen laufen vor sich selbst davon. Die Natur zeigt es dir genau, Rea. Fließende Wasser haben ein Ziel, das Meer. Aber was einem Wassertropfen auf dieser Reise widerfährt, ist viel spannender als im riesigen Ozean auf das Verdunsten zu warten und schließlich als Regentropfen wieder zur Erde zu fallen und die Reise aufs Neue zu beginnen. Die Natur ist Teil von dir und du bist Teil von ihr. Es gibt keine Trennung. Die gibt es nur in deinem Kopf. Alles ist miteinander verbunden, so wie deine Hände mit deinen Schultern verbunden sind. Du musst beginnen, die Prozesse aus einer höheren Sicht zu betrachten. Kurzum, die Antwort auf deine Frage: Das Leben ist voller Leid, weil der Mensch noch so viel lernen muss. Und es ist nicht Gottes Idee, dass er das isoliert vom Rest der Welt tut.

Schau dir eine Ameisenkolonie an. Jede einzelne Ameise arbeitet mit an der Errichtung ihres Baues. Jede einzelne Ameise ist wichtig und doch fällt es nicht ins Gewicht, wenn eine fehlt. Es geht um das Ganze, um das Projekt. Du bist zornig, weil du glaubst, nichts zu haben von deinen Anstrengungen. Und trotzdem solltest du bedingungslos bereit sein, deinen Beitrag dafür zu leisten. Und das Wunderbare daran ist: Auch du wirst dabei keinesfalls leer ausgehen, das kann ich dir versprechen. Also höre deine Berufung: Entwickle dein Bewusstsein, ernte und gib anderen davon ab. So trägst du am besten dazu bei, dass dein Traum einer besseren Welt schneller in Erfüllung geht. Bedenke, das ganze Universum ist ein Gemeinschaftsprojekt. Nichts ist voneinander getrennt, du hast dich bloß von deinem Herzen getrennt, deshalb kannst du nichts mehr spüren."

So hatte Rea das noch nie gesehen. Aber er wusste, Devandra hatte recht. Er konnte es tief im Inneren fühlen. Devandra erhob sich und legte wieder ein Scheit Holz ins Feuer. „Überwinde die Illusion der Trennung in dir", sagte er noch, als er zurückkehrte und an Rea vorbei ging, „verwandle deine Seele in einen Lebensgarten, indem du wachsen und gedeihen kannst – und alles um dich herum wird es dir gleichtun. Und alles, was du dazu tun musst: Folge deinem Inneren, der Stimme des Herzens, die zugleich die Stimme des allumfassenden Gottes ist. Mehr brauchst du nicht zu wissen."

Dann zog er sich still und mit kleinen, bedächtigen Schritten in seine Höhle zurück…

Ich hatte die Geschichte gerade zu Ende gelesen, da gab das Diktiergerät einen schrillen Pieps-Ton von sich und eine rote Led-Lampe blinkte über dem Rec-Knopf.
Offenbar war der Speicher voll. Ich hatte gar nicht mehr daran gedacht, dass das Ding ja immer noch lief. Weshalb zeichnete ich das eigentlich noch auf? Ernst war doch da. Und es fühlte sich auch nicht mehr so an, als würde er die Absicht haben, so schnell wieder zu verschwinden.
Die Geschichte von Rea und Devandra hatte ihn jedenfalls zum Nachdenken gebracht, das konnte ich fühlen. Es war aber auch schon spät und wir waren vom ganzen Reden schon so müde, dass uns fast die Augen zufielen. Und so beschlossen wir unser Gespräch für heute zu beenden und uns aufs Ohr zu legen.

In den darauf folgenden Tagen saß ich immer wieder auf meiner Couch und redete mit Ernst.
Aber wir unterhielten uns nicht nur auf der Couch, wir quatschten auch unter der Dusche, beim Kochen, beim Spazierengehen und sogar am Klo. Ich musste Ernst nicht mehr suchen, er war einfach da.
Mit der Zeit lernten wir, mit zunehmender innerer Nähe zueinander, telepathisch miteinander zu kommunizieren. Das hatte den Vorteil, dass ich mir den Mund nicht mehr fusselig redete und ich in der Öffentlichkeit nicht mehr ständig darauf achten musste, bei meinen Selbstgesprächen ertappt zu werden.
Wir erzählten uns alle Geschichten. Das Erschreckende daran war nur, wie unterschiedlich wir Situationen in unserem Leben wahrgenommen und eingeschätzt hatten. Das Ganze hörte sich an wie zwei komplett

unterschiedliche Versionen ein und derselben Lebensgeschichte. Natürlich hatten wir auch viele Dinge ähnlich wahrgenommen. Aber schon was die Zeit unserer Kindheit anbelangte, hätten die Unterschiede teilweise nicht größer sein können. Unglaublich, in welche Widersprüche wir uns damals schon verfangen hatten. Jetzt, nachdem wir so gnadenlos ehrlich miteinander redeten, kamen all die widersprüchlichen Zerrbilder unseres Lebens zum Vorschein. Hunderte Situationen lagen in Fetzen, wie Puzzle-Stücke vor uns ausgebreitet, und wir versuchten sie, so gut es ging, zu einem gemeinsamen Bild zusammenzusetzen. Und das gelang uns auch. Meistens wenigstens.

Je mehr Zeit verstrich, desto besser verstanden wir uns. Ernst zweifelte zwar immer noch an Gott und der Liebe, aber er war bei weitem nicht mehr so desillusioniert und verbittert wie früher.

Ich meinerseits war froh, so einen starken Beschützer und Alltagshelden an meiner Seite zu haben.

Wir waren beide an unserer Auseinandersetzung gewachsen und erkannten die Bedeutung des jeweils anderen. Und wir arbeiteten weiter an uns: Ich wurde bodenständiger, Ernst unbeschwerter. Und das war ohne falsche Bescheidenheit hauptsächlich mein Beitrag, denn ich war ja derjenige, dem das Leben weniger Kraft genommen hatte, ich war derjenige, der über die Wellenberge, über die Wogen des Lebens, drübergesurft war – ohne Rücksicht darauf, dass ihn, Ernst, die Wassermassen begruben. Zusätzlich hatte ich die See auch noch aufgepeitscht und Turbulenzen verursacht, so sehr er mich davon abzuhalten versuchte. Deshalb war es jetzt auch meine Aufgabe, ihm gewissermaßen meinen Rettungsring zuzuwerfen und ihn aus dem Wasser zu ziehen, in dem er bis zum Hals um sein Leben gestrampelt hatte. Das war ich ihm schuldig. Und ich war dankbar für diese zunehmende Fähigkeit, die Ernst mit der Zeit auch neidlos anerkannte.

So lieferte ich ihm weiter mit Freude den Stoff für die Lust am Leben. Und den Glauben an uns beide. Und *er* holte den Luftballon herunter, wenn er sich zu verselbstständigen drohte.

Nicht, dass wir ab jetzt immer gleicher Meinung gewesen wären. Es gab nach wie vor große Reibungsflächen. Inzwischen waren wir aber beide so weit, dass wir uns nicht mehr als Gegner in sinnlosen Machtkämpfen und Rechthabereien verlieren mussten, sondern die Bedeutung und den Wert der Verschiedenheit anerkennen und schätzen konnten. Wir wussten, wir brauchten einander, nur gemeinsam waren wir stark.

Wir hatten erkannt, dass Friede und Glück nicht träge Einheit mit sich selber und anderen bedeutet, sondern, dass gerade die Dualismen der Motor des Lebens sind. Nur aus dem Spannungsfeld zwischen den Gegensätzen entsteht das Leben, es besteht daraus und endet damit.

Und das Schöne daran: Gerade dieser Reiz macht uns lebendig und damit glücklich, weil wir uns im Einklang mit diesem obersten Lebensprinzip fühlen.

So wurde unsere Vereinigung doch noch wahr, wenn auch auf eine andere Weise, als wir es uns vorgestellt hatten.

Ernst war manchmal immer noch ein ziemliches Arschloch.

Ich aber auch.

Danksagung

Mein Leben war voller Begegnungen und Erfahrungen mit Menschen, die mich bereichert haben. Alle zu erwähnen, die es verdienen, würde jedoch den Rahmen dieser Danksagung sprengen.

Euch, liebe Eltern, gilt natürlich mein erster Dank, für eure Liebe, Fürsorge und ungebrochene Unterstützung, mein Leben lang. Auch für die vielen kleinen und großen Überraschungen, mit denen ihr mir immer wieder Mut gemacht habt, danke ich euch von Herzen.
Ohne euch wäre ich niemals der Mensch, der ich heute bin.
Natürlich auch ein großes Dankeschön an dich liebes Schwesterherz Andrea: Du bist mit mir durch dick und dünn gegangen.

Einen zweifachen Dank muss ich in den Himmel schicken: Oma Frieda, du warst meine erste Liebe. Ich hatte schon tagelang Herzklopfen, bevor du wieder einmal in unserem Haus länger Station eingelegt hast, was Gott sei Dank häufig und regelmäßig geschah.
Dich Tante Dora bewundere ich heute für dein immenses Verständnis gegenüber meinen jugendlichen Eskapaden, deren Ausmaß mir erst nachträglich, durch die Erzählungen meiner Eltern bewusst geworden ist.

Euch Kindern Samuel und Lisa danke ich besonders innig. Ihr habt meinem Leben einen neuen Sinn gegeben und mir von Anfang an so viel Freude bereitet. Euer Lächeln und eure strahlenden Augen, lassen mich immer wieder alle Sorgen vergessen. Ihr seid das schönste und wertvollste Geschenk der Welt für mich, nein mehr: Ihr seid ein Teil von mir.

Von ganzem Herzen danke ich meiner Lebensgefährtin Helga Obertegger, mit ihren wunderbaren Töchtern Anne und Natascha. Helga, du hattest für mich immer genau so viel Liebe wie Geduld und hast einen bewundernswerten Mut, dich immer neuen Herausforderungen zu stellen und die Dinge beim Namen zu nennen. Unsere gemeinsame Entwicklung hat es mir erst ermöglicht, dieses Buch zu schreiben. Danke Helga für alles!

Ein weiterer, ganz besonderer Dank, gilt meiner quicklebendigen Freundin und Lektorin Gerlinde Corazza, die Gott liebt und die Menschen kennt und auch immer die richtigen Worte dafür findet. Wir hatten unheimlichen Spaß beim gemeinsamen „Ernsteln".

Meiner ehemaligen Frau Christina Unterthurner, die mich wundervolle lange Jahre begleitet und unterstützt hat und mir das Geschenk zweier wunderbarer Kinder gemacht hat, danke ich dafür von Herzen.

Danke außerdem meinen besten alten Freunden Dieter Ladurner, Herbert Thoma, Stefan Innerhofer und Wolfgang Hatzis. Ihr seid mir in all den Jahren richtig ans

Herz gewachsen und ihr wart mir auch immer wieder ein authentischer Spiegel, in dem ich mich selbst erkennen und hinterfragen konnte. Wolfgang Hatzis danke ich an dieser Stelle auch für die wertvollen Anregungen während der Entstehung seines eigenen Buches.

Nicht unerwähnt bleiben sollen auch meine guten alten Freunde Michael Pöder, Navyo Eller und Manfred Mur, auch wenn wir uns viel zu selten sehen.

Ein herzliches Dankeschön an meinen Freund und Meditationslehrer Johann Burger, der mich in die Transzendentale Meditation eingeführt und damit zu einem entscheidenden Wandel in meinem Leben beigetragen hat.

Bei Othmar Vigl bedanke ich mich für seine beispiellose Hilfsbereitschaft, mit der er sein vielseitiges Expertenwissen immer wieder mit mir geteilt hat.

Und auch dir Melissa Verdorfer danke ich sehr. Deine spirituellen Kräfte, sind mir immer wieder eine große Hilfe.

Du, dem ich am allermeisten zu danken habe, liebender Schöpfer allen Seins, kennst meine unendliche Dankbarkeit in meinem Inneren!